Extraict du Priuilege du Roy.

PAR grace & priuilege du Roy donné à Roye, en datte du dernier Septembre, 1636. Et Signé, Par le Roy en son Conseil, De Monceaux. Il est permis à Antoine de Sommauille Marchand Libraire à Paris, d'imprimer ou faire imprimer, vendre & distribuer vne piece de Theatre, de la composition du Sieur *De Rotrou*, intitulée *La Celimene*, durant le temps & espace de sept ans, à compter du iour qu'elle sera acheuée d'imprimer. Et defenses sont faites à tous Imprimeurs, Libraires & autres, de contrefaire ladite piece, ny en vendre ou exposer en vente de contrefaite, à peine de trois mil liures d'amende, & de tous ses despens, dommages & interests, ainsi qu'il est plus amplement porté par lesdites Lettres, qui sont en vertu du present extrait tenuës pour bien & deuëment signifiees, à ce qu'aucun n'en pretende cause d'ignorance.

Ledit Sommauille a associé au Priuilege cy-dessus Augustin Courbé, aussi Marchand Libraire, pour moitié, suiuant l'accord à cet effet fait entr'eux.

Acheué d'imprimer pour la premiere fois le 10. Mars 1653.

Les Exemplaires ont esté fournis.

LES
OCCASIONS
PERDVES.

TRAGI-COMEDIE
DE ROTROV.

A PARIS,

Chez Anthoine de Sommaville au Palais, dans
la petite Salle, à l'Escu de France.

M. DC. XXXVI.

AVEC PRIVILEGE DV ROY.

A
MADAME
LA COMTESSE
DE SOISSONS.

MADAME,

Outre que i'ay pris auec la naissance, l'honneur d'estre vostre creature, celuy que vous m'auez faict de me voir si souuent de l'œil dont vous voyés les choses qui ne vous déplaisent pas; & l'estime que toute vostre maison vous a vû faire de mes ouurages, me rendent si iustement vostre obligé, & si passionement vostre seruiteur, que vostre nom est le plus agreable entretien de ma memoire, comme vostre merite est la plus belle meditation de mon esprit; En effet quelque Eloquente que soit cette vieille fille de l'air qui dispense à son gré les loüanges & les mespris, qui fait les Heros, & les demy - Dieux & qui donne aux Roys les plus beaux prix de leurs victoires, ie côfeſſe, MADAME, que bien qu'elle publie vos loüanges en termes ſi glorieux, que noſtre Cour n'a point de Princeſſe qui la puiſſe entendre ſans ialouſie, quand elle parle de vous elle voꝰ loüe toutefois trop ſobremét & depuis que i'ay l'hôneur de vous approcher ie cognois qu'elle vous eſt plus auare que prodigue. Ce grand eſprit qui vous faict ſi clairement diſcerner nos graces, & nos deffaux, & cette extréme affection que vous auez pour les belles choſes, vous rendent auſſi conſiderable que voſtre naiſſance & ces qualités iointes à toutes les autres que vous poſſedez, excitét en ceux qui vous voyent tant d'étonnemét, & d'admiration, qu'ils aduoüent que ce que la renommee dit de vous eſt encor au deſſous de ce qu'on en doit croire: Mais voſtre modeſtie condamne deſia la longueur de cette lettre, & ie ne croirois pas pouuoir ſatisfaire à la peine que vous aués priſe de la lire à moins que du preſent qu'elle vous porte, & du deſſein que ie faits d'eſtre toute ma vie,

MADAME,

Voſtre tres-humble, tres
obligé & tres-obeiſſant
ſeruiteur & ſuiet,

ROTROV.

PRIVILEGE DV ROY.

LOVIS PAR LA GRACE DE DIEV, ROY DE FRANCE ET DE NAVARRE, à nos ames & feaux Conseillers, les gens tenans nos Cours de Parlement, maistres des Requestes ordinaires de nostre Hostel, Baillifs, Seneschaux, Preuosts, leurs Lieutenans & autres nos Iusticiers & Officiers qu'il appartiendra, Salut. Nostre bien amé ANTHOINE DE SOMMAVILLE, Marchand Libraire, nous a fait remonstrer qu'il desiroit faire imprimer vn Poëme composé par le Sieur de ROTROV, intitulé *les Occasions Perduës*, *Tragi-comedie*, lequel il ne peut faire imprimer sans auoir sur ce nos lettres, humblement nous requerant icelles. A CES CAVSES, desirans fauorablement traitter ledit exposant, nous luy auons permis & permettons par ces presentes, de faire imprimer, vendre & debiter en tous les lieux & terres de nostre obeïssance, par tels Imprimeurs & Libraires, en telles marges & caractères, & autát de fois qu'il voudra, le susdit liure, durát le temps de sept ans entiers, à compter du iour qu'il sera acheué d'imprimer, faisans deffenses à tous Imprimeurs, Libraires, & autres de quelque condition qu'ils soient tant estrangers que de nostre Royaume, d'imprimer, vendre ny distribuer en aucun endroit ledit liure soit entier ou en partie, sans le consentement de l'exposant, ou de ceux qui auront droict de luy, en ver-

é

tu des preſentes, ny meſmes d'en prendre le tiltre ou de
le contrefaire en telleſorte & maniere que ce ſoit, ſous
couleur de fauſſes marges, ou autre deſguiſement, ſur
peine aux contreuenans de trois mille liures d'amande
appliquable, vn tiers à nous, vn tiers à l'Hoſtel Dieu de
Paris, & l'autre tiers à l'expoſant, de confiſcation des
exemplaires contrefaits, & de tous deſpens, dommages
& intereſts, meſmes ſi aucuns Libraires & Imprimeurs
de noſtre Royaume, ou eſtrangers, traffiquant en ice-
luy eſtoient trouuez ſaiſis des exemplaires contrefaits,
nous voulons qu'ils ſoient condamnez en pareilles
amandes, deſpens, dommages & intereſts que s'ils les
auoient imprimez ou faits imprimer, à condition qu'il
ſera mis deux exemplaires dudit liure dans noſtre Bi-
bliotheque publique, & vn autre en celle de noſtre tres
cher & Feal, le Sieur Seguier, Cheualier, Garde des
Sceaux de France, auant que de le pouuoir expoſer en
vente, à peine de nullité des preſentes; du contenu deſ-
quelles nous voulons & vous mandons que vous faſ-
ſiez iouïr & vſer plainement & paiſiblement, ledit expoſant ou ceux qui auront charge de luy. Voulos auſſi qu'en mettant au commencement ou à la fin dudit
liure vn extrait des preſentes, elles ſoient tenuës pour
deuemét ſignifiées, & que foy y ſoit adiouſtee côme à
l'original. Mandons en outre au premier noſtre Huiſ-
ſier ou Sergent ſur ce requis, de faire pour l'execution
des preſentes tous exploicts neceſſaires ſans demander
autre permiſſion, car tel eſt noſtre plaiſir, nonobſtant
Clameur de Haro, Chartre Normande priſe à partie,

&autres lettres à ce contraires. Donné à Paris le 15. iour de Iuillet, l'an de grace mil six cens trente-cinq, & de nostre regne le vingt-sixiesme.

Par le Roy en son Conseil,

DEMONCEAVX.

Et ledit Sommauille à associé auec luy Toussainct Quinet, aussi Marchand Libraire, pour iouïr de sa part du Priuilege, suiuant l'accord passé entre eux pardeuant les Notaires.

Acheué d'imprimer le 17. Iuillet 1635. Et les exemplaires ont esté fournies, suiuant ledit Priuilege.

LES ACTEVRS.

HELENE	Reyne de Naples.
CLEONTE	Gentil-homme de la Reyne.
CLORIMAND	Prince d'Espagne.
ATYS	⎫
ORMIN	⎬ Gentils-hommes Siciliens.
LERME	⎭
LYSIS	Seruiteur de Clorimand.
ADRASTE	Amoureux d'Isabelle.
ISABELLE	Fille de la Reyne.
ALPHONSE	Roy de Sicille.
CLEONIS	Confident du Roy.
FILEMON	Confident de la Reyne.
CLEONARD	Confident de Cleonte.

LES OCCASIONS PERDVES

PERDVES
TRAGI-COMEDIE

N Doucœur

ACTE PREMIER.
SCENE I.

HELENE Reyne de Naples, en habit de Chaſſe.
CLEONTE, & autres Chaſſeurs.

La REYNE.

Ontinués la chaſſe , & ſouffrés que mes yeux
Se laiſſent enchāter aux objets de ces lieux;
Defia les ſoins diuers, en qui mon ſort abōde
Se ſont eſuanouys au doux bruit de cette onde;

A

Vn Dieu feroit charmé dans ce lieu plain d'appas;
Vous Cleonte, & vos gens, ne vous efloignés pas,
Attendés mon refueil fous ce diuin fueillage,

Elle fe fied, & s'endort. Où ces petits oyfeaux font vn fi doux ramage.

CLEONTE.

Ie croy qu'ils n'ont appris ces amoureux accens,
Qu'à deffein d'en pouuoir entretenir vos fens,
Que vous feule empefchés ces ruiffeaux de fe taire,
Que les fleurs de ces lieux y naiffent pour vous plaire
Et que ces doux Zephyrs y viennent fans deffein
Que de vous y baifer les cheueux, & le fein;
Mais Dieux! ie parle encor, & la Reyne repofe!
Ses beaux yeux fe fermãt, n'õt pas ma bouche clofe.
Ecartõs-nous fans bruit: Que ces yeux ennemys
Qui m'ont rauy le cœur, ont de grace endormis!
Quand ils font éueillés, que ma force eft petite,

Ils võt dans le bois. Puifque mefme dormans ils me mettent en fuitte.

SCENE II.

CLORIMAND, ATYS, ORMIN, LERME.

CLORIMAND.

A Voir en ce pays ces bois encore verds,
Ie croy qu'il est exempt du pouuoir des Hyuerts
Et que ce beau Royaume en ses bornes enferre
Tout ce qui rend le Ciel amoureux de la terre.
Tandis que nos cheuaux prendront quelque repos,
Cét ombrage charmant s'offre à nous à propos.
Le celeste flambeau, qui fait le tour du monde
N'est pas si prés encor de se noyer dans l'onde,
Vn lieu si rauissant nous inuite à nous seoir,
Ne voulant arriuer à Naples que le soir.

ATYS.

Nous voyons de ce lieu cette Reyne des villes
Le reste du chemin n'est plus que de trois milles.

CLORIMAND.

Pour ne rien oublier, lisons l'instruction,
Que nous auons du Roy, sur son intention.

Contenu de l'inſtruction qu'il lit.

Haſtés-vous Clorimand,
Partés ſecrettement
De Palerme allés à Meſſine,
Il faut là paſſer le deſtroict,
Et la terre voiſine,
Vers Naples offre vn chemin droict.
Atys, & Lerme, auec Ormin
Liront en ce chemin
La lettre qu'ils portent fermée,
Et quand ces trois auront fidellement
Suiuy ma volonté qui s'y voit exprimée
Qu'ils retournent ſecrettement.

CLORIMAND continuë

Liſez donc cét écrit, qui ne peut que m'inſtruire,
Comment en l'Ambaſſade il me faudra conduire.

ORMIN lit:

L'épee à la main promptement
Et tuez Clorimand.

*Ils met-
tét tous
l'épée à
la main.*

LERME.

Ha rigoureux arreſt !

ATYS.

Seuere tyrannie !

ORMIN.

ORMIN.

Mais il faut obeïr, toute plainte bannie;
Mõsieur, ie vous souhaitte vn traittemẽt plus doux
Mais par l'humaine loy, ie me doy plus qu'à vous;
Or qui ne iugeroit en vne mesme peine,
Que conseruant vos iours sa mort seroit certaine?

CLORIMAND se deffendant.

Le Roy peut commander; mais le Ciel plus puissant
Peut contre vous, & luy sauuer vn innocent,
Ses fauorables soins à vos destins sinistres
Puniront d'vn tyran les infames ministres.
Ayant l'ame si pure, en vain tous vos efforts
Cherchent en quelle part ils rougiront mon corps.

ATYS.

Donnez, donnez aux Dieux vos dernieres pensées,
Pardonnant vostre mort à nos ames forcées.

CLORIMAND.

Si tu veux le pardon seulement pour ce poinct,
T'empeschant de faillir, il ne t'en faudra point,
Et le visible effect d'vn secours inuisible,
Te fera voir le Ciel à mon affront sensible.

La REYNE esueillée dit en les voyant.

Ha Dieux ! consentez-vous à tant de lascheté;
Qu'vn seul soit de ces trois si rudement traicté.

B

Ayez plus de courage, homicides, infames,
Et plutoſt que vos fers, faites rougir vos ames,
Rougiſſez aſſaſſins, d'auoir le cœur ſi bas,
Et de vous voir ſurpris en ces lâches combats.

ORMIN.

Nobles, par tout ailleurs qu'en voſtre cognoiſſance,
Nous vallons de courage, autant, que de naiſſance.

La REINE.

Faites le donc paroiſtre en de plus beaux exploicts,
Traiſtres, vos actions dementent voſtre voix;
Cleonte! à ces voleurs! faites dans cette plaine,
De leur infame ſang vne large fonteine,
Frappez, tuez.

Cleonte auec ſes gens, vient.

ORMIN.

Fuyons, & cedons aux plus forts!
Où noſtre mort (amys) ſuiura nos vains efforts.

CLEONTE.

Madame, ſi nos pas ſecondent noſtre enuie,
I'apporte dans vos mains leurs armes, & leur vie.

CLORIMAND.

Diuin objet de vœux, & d'admiration
Embraſſez-vous le ſoin de ma protection?

Vn Ange se monstrer à mon affront sensible!
Epouser ma querelle, & se rendre visible;
Mais vn Ange, vrayment adorable aux mortels,
Si la mesme beauté merite des autels,

La REYNE.

Si i'estois vn objet digne de ces loüanges
Ie lirois dans les cœurs, comme y lisent les Anges;
Si bien que vous seriez affranchy du soucy,
De m'apprendre quel sort vous a conduit icy,
Vostre nom, vos parens, & quelle iniuste rage
Auoit porté ces gens à ce honteux outrage.

CLORIMAND.

Quand ie sçauray nommer la celeste beauté
Qui conserue à mes yeux le bien de la clarté,
A qui ie suis tenu d'vne si noble debte
Sa curiosité se verra satisfaite.

La REYNE.

Ce glorieux état se maintient sous ma loy,
Et ne recognoist point de souuerain, que moy.

CLORIMAND.

I'ay trop veu par l'éclat qui ce front enuironne,
Qu'il n'estoit destiné, que pour vne couronne,
Mon cœur m'en asseuroit, & vostre seul aspect

M'impofoit, grande Reyne, vn fi profond refpect.
Mais ie ne faits defia qu'ennuyer voftre enuie
Qui me veut obliger au recit de ma vie.
L'Efpagne eft le païs où i'ay receu le iour,
Mon nom eft Clorimand, ma demeure la Cour,
Alphonce, ieune Prince, enfin Roy de Sicile,
M'a long-temps honoré d'vne amour inutilë,
Son aage égal au mien égaloit nos defirs,
Nous aimiõs mefmes ieux, fuiuions mefmes plaifirs,
Nous courions mefmes mers, & fa feule efperance,
De nos conditions faifoit la différence;
Enfin la mort ofta le Sceptre à Ferdinand,
Alphonce fut pourueu de fon grade eminent,
Fils, & neueu de Roys, mais frere d'vne Dame,
A qui rien ne deffaut qui puiffe charmer l'ame,
Le cœur le plus barbare obeit à fa loy,
Et fes yeux n'ont pas moins de fujets que le Roy.
Senfible (comme vn autre) à l'amoureufe atteinte,
I'eus pour elle vne ardeur violente, mais faincte,
Et fon œil qui cognut ce brafier apparent
Me vid d'autre façon, que comme indifferent,
De quiconque luy voüe vn feruice fidelle,
Ie fuis, ou le plus vain, ou le plus chery d'elle;
Ie fçay que rien de moy n'a merité ce poinct,
Mais ie fçay bien auffi, que l'amour ne voit point;
Enfin quãd nous croyons nos amours plus couuertes,
Les pointes de l'enuie ont nos ames ouuertes,

                                        Mille

Mille ialoux ont leu dans nos intentions,
Et de fausses couleurs ont peint nos passions,
Cette peste de gens toutes les Cours infecte,
La meilleure action par eux deuient suspecte,
Leurs pas nous preuenoient où nous voulions aller,
Ce qu'elle me donnoit, ie semblois le voller,
Pas vn de ses regards ne m'estoit legitime,
Nommer cette beauté, c'estoit commettre vn crime,
Vn sous-ris, vn traict d'œil, vn pas, vne action,
Estoient en leur croyance vne assignation;
Mais c'est trop differer! leur enuieuse rage
M'a du Roy qui m'aymoit alteré le courage,
Helas! qu'vn foible effort change les fauoris!
Qu'ils sont prés de la haine, alors qu'ils sont cheris!
Pour m'oster à la sœur, ils ont creu necessaire
De me rendre odieux, & de m'oster au frere;
Qu'en ce poinct, leur enuie agit subtilement!
Ils mirent des appas en mon bannissement,
Ie fus nommé pour chef d'vne puissante armée
Contre les factions de Sardaigne animée,
Amour, ha! que de force en la main d'vn enfant!
Prît les armes pour moy, ie reuins triomfant,
L'Infante seulement fut aise de ma gloire
Et de mille faueurs honora ma victoire,
Ie vis plus que iamais son esprit engagé,
Ainsi pensant me nuire on m'auoit obligé;
Mais vn Demon contraire au bon-heur de ma vie

Auecque son amour fist redoubler l'enuie,
Et quelque autre loyer que mon bras meritât
Ces gens m'ont accusé d'attenter sur l'Etat ;
Ils ont mis dans l'esprit de ce Prince facile,
Que ma mort seulement asseuroit la Sicile,
Que ie deuois mourir, s'il aymoit à regner,
Mais que pour me deffaire il falloit m'esloigner,
Qu'autrement, estimé du peuple, & de l'Infante,
Mes cendres produiroient vne guerre apparente.
Ce Prince ayant long-temps ce dessein consulté,
M'a fait Ambassadeur vers vostre Maiesté
Feignant de souhaitter qu'vn heureux mariage
Ioignist à vostre sort sa fortu. & son aage ;
Ceux que vous auez veus accompagnoient mes pas,
Sans auoir toutefois resolu mon trépas,
Ils portoient vn billet, fermé des mains du Prince,
Qu'ils ne deuoient ouurir que dans cette Prouince,
Où (l'ouurant en ces lieux) ils ont leu seulement,
        Hastez-vous, tuez Clorimand.
Le Ciel qui les a veus animez à ma perte
M'a fauorablement vostre assistance offerte,
A voulu vous donner vn suiet auiourd'huy,
Qui vous deuant le iour, vous deust autât qu'à luy.

LA REYNE.

Iamais tel accident ne vint à mes oreilles,
Qu'vn Roy pût conceuoir des trahysons pareilles,

Le Ciel ne luy fist pas vn courage royal,
Et ne luy deuoit pas vn sujet si loyal.
Demeurez en ces lieux, auec cette asseurance,
Que le merite seul y fait la difference,
Et que vous ne pourriez, fust-il d'autres Soleils,
Trouuer ou l'on sçeust mieux estimer vos pareils.

Clori-
mâd lui
baise la
main.

SCENE III.

**CLEONTE, LYSIS lié, La REYNE,
CLORIMAND, & autres seruiteurs.**

CLEONTE.

EN *vain i'ay poursuiuy ces ames criminelles,*
La peur leur a donné de fauorables aisles,
eux tous, ce caualier est le plus genereux,
Qui vient le front ouuert, vous respondre pour eux.

LYSIS.

e ne souhaitte point la gloire qu'il me donne,
Madame, ie n'entends respondre de personne,
Et mille cabarets à Palerme font foy,
Que bien souuent i'ay peine à bien payer pour moy,
Ha mon Maistre est-ce vous, voyez ces mains liées
Auez-vous auiourd'huy mes peines oubliées,

Ne suis-ie plus Lysis, & puis-ie voir ce front
Ne se pas tesmoigner sensible à mon affront,
Me laissez-vous souffrir la qualité de traistre,
Ay-ie esté quelquefois infidelle à mon Maistre
Et n'ay-ie tous les iours deffié le trespas
Où vos commandemens ont appellé mes pas?

CLORIMAND parlant à Cleonte.

Cét homme est de mes gens, & i'ayme sa folie,
Pource, qu'elle est contraire à ma melancholie,
Ayant dans les chemins souffert de longs travaux,
Il ne suit que de loin les pas de nos chevaux,
Ainsi le rencontrant, vous l'auez creu du nombre
Qu'on a veu disparoistre à l'objet de vostre ombre.

La REYNE.

Rompez luy ces liens, r'asseurez ses esprits,
Il nous doit excuser, sçachant qu'on s'est mespris.

LYSIS.

Non, ie n'excuse rien, afin que ie pardonne,
Il faut qu'absolument mon maistre me l'ordonne,
Ou ie rends par ce bras mon esprit satisfait
Sacrifiant leurs iours à l'affront qu'ils m'ont fait.

CLORIMAND.

Tout beau, tout beau, Lysis, nous parlons à la Reyne,
Luy

Luy tenant ces difcours, tu merites fa hayne,
Et fi fa Maiefté fuiuoit mon fentiment,
D'eternelles prifons feroient ton chaftiment.

LYSIS à genoux.

Ha Madame, excufez; rien que mon ignorance,
N'a porté mon efprit à cette irreuerence,
Si ie doy le pardon aux Seigneurs que voicy,
M'eftant mefpris comme eux, on me le doit auffi;
Il eft vray que ie hay la qualité de traiftre,
Et que i'aime l'honneur à caufe de mon Maiftre,
Mais l'affront eft paffé, ie me veux contenir,
Et leur donner leur grace afin de l'obtenir.

La REINE.

Vrayment i'en faits état, fa candeur eft aymable,
Et fa bouffonne humeur n'eft pas defagreable;
Cleonte, ayez foucy de ce ieune eftranger,
Si iamais voftre efprit fe pleut à m'obliger,
Honorez fa vertu, de la mefme carreffe
Que fi ie me donnois moy-mefme pour hofteffe,
Ie cognois fon merite, & fi vous l'eftimez.
Affeurez-vous qu'en luy, c'eft moy que vous aimés.

CLEONTE.

I'efpere fur ce poinct fi bien vous fatisfaire,
Que ie foufmettray tout au deffein de vous plaire,

Qu'il pourra tout sur moy, que mon propre desir
Ne me sera pas cher au prix de son plaisir.

CLORIMAND

Quel Dieu me fournira des termes assez dignes,
Comment satisferay-ie à ces faueurs insignes,
Preuoyant ces honneurs, vous deuiez iustes Dieux,
M'en faire treuuer moins, ou les meriter mieux;
Est-ce trop peu (Monsieur) de vous deuoir la vie,
Cette obligation dût borner vostre enuie,
Et c'est me surcharger d'vn plaisir trop pressant,
Que de me mettre au poinct d'estre m'écognoissant.

La REINE.

Allons, où nos cheuaux dans ce bois nous attendent,
Quelques soins impreueus, au Palais me demãdent.
Tout bas.   Que ce ieune estranger à touché mes esprits!
O chasse infortunée, où mon cœur se voit pris!
Chasse vrayment étrange, & fatale à ma ioye!
Où celle qui chassoit, elle mesme est la proye!

SCENE IV.

ORMIN, ATYS, LERME.

ORMIN

PEut on priſer aſſez les charmes de ſes yeux,
Que la nature a peints de la couleur des Cieux?
Quoy qu'on treuue en Sicile, y voyons-nous des Dames
Si capables de plaire, & d'arreſter les ames ?

ATYS.

Quoy que ſõ œil ſur nous ayt fait beaucoup d'efforts,
Il en a fait trop peu, pour arreſter nos corps,
Et quelques doux appas dont elle ſoit pourueuë
I'en eſtime bien plus l'abſence que la veuë;
Que nous deuons beaucoup à noſtre agilité!
I'ay veu cent fois la mort en cette extremité,
Et voyant ſur nos pas accourir tout ce nombre,
I'ay douté ſi i'eſtois autre choſe qu'vne ombre.

LERME.

Que la bonté des Dieux a ſoin d'vn innocent !

De l'auoir affifté d'vn fecours fi puiffant;
Tu le fçays iufte Ciel, que i'ay veu mon épée
Contre fon innocence à regret occupée,
Ie cognois ce Seigneur, & l'auoir combatu,
C'eft nous eftre attaquez à la mefme vertu,
Les ialoux de fa gloire ont deffein fur fa vie,
Et nous auons efté miniftres de l'enuie,
Mais inutilement, & ie rends grace aux Dieux
De n'auoir pas fouffert, que nous ayons fait mieux,
Noftre peu de valeur nous vaudra de la gloire,
Et la honte euft efté le prix de la victoire,

ORMIN.

Retournons en Sicile, & declarons au Roy,
Quel obftacle impreueu s'eft offert à fa loy;
Vous fçauez fon humeur, ie crains que fa cholere
Ne prepare à nos pas, quelque fafcheux falaire.

ACTE

ACTE SECOND.

SCENE I.

ADRASTE, ISABELLE, en la cour du Palais.

ADRASTE.

S Viuant vn compliment de long-temps
affecté,
Ie deusse demander l'état de ta santé,
Mais i'aborde tes yeux auiourd'huy
d'autre sorte,
Te demandant, comment moy-mesme ie me porte,
Quel traictement nouueau mon cœur reçoit de toy,
Si nous viuons encor sous vne mesme loy,
Si ton affection m'est encore asseurée,
Si ta diuine humeur est tousiours de durée,
Enfin, si tu n'as point promis à mes riuaux
Le fruict, que ta beauté ne doit qu'à mes tra-
uaux.

E

ISABELLE.

Adraſte, mettez fin à cette frenaiſie,
Où ie me vangeray de voſtre ialouſie,
Soit que vous eſtimiez, ou vous plaindre, ou railler,
Me parler d'inconſtance, eſt me la conſeiller.

ADRASTE.

Ie croy, que pour moy ſeul ton cœur n'eſt pas de
　glace,
Qu'on tâchèroit en vain de s'y donner ma place,
Qu'aprés tant de ſermens il ne peut plus faillir,
Accorde toutefois qu'on le peut aſſaillir,
Et que tu ne dois pas m'imputer pour offencè
De dire que ie doy beaucoup à ta deffence
Qui ne ſeroit ſenſible à ces aymables traits,
Ha! ſi ie poſſedois vn peu de tes attraits,
Si i'auois dans les yeux les moindres de ces flames,
Par qui tu ſçays qu'amour a fait bruſler tant
　d'ames,
Et qu'vne autre beauté cheriſt mon entretien,
Ce ſeroit vn eſprit bien troublé que le tien;
Lors ta bouche, & la mienne auroient meſme lãgage,
En vn mot, on ne peut eſtre amoureux, & ſage.
Si pourtant i'ay failly, l'implore le pardon,
La faueur, que ie prend me ſignera ce don;
Ha! ce baiſer n'a point la qualité des autres,

Il la
baiſe.

Mauuaise, quelle humeur est comparable aux vo-
stres,
Ma Deesse, ordonnez que ie quitte le iour,
Si vous vous offencez de me voir trop d'amour.

ISABELLE.

Et que voulez-vous plus, si i'estois bien prudente
Ie : Mais pour me vanger ie suis trop indulgente
Ie donne à vostre amour de trop fidelles soins,
Et vous en auriez plus, si i'en tesmoignois moins,
Mais c'est trop ; quel sujet ainsi seul vous rameine,
Et que n'attendiez-vous le retour de la Reyne.

ADRASTE

Consulte là dessus tes aymables appas,
Eux seuls ma chere vie ont r'appellé mes pas.
L'excés de mon amour, m'anime le courage,
A venir le premier presenter mon hommage,
De tant d'attraits, qui sont à la Cour reuerez,
I'ayme de voir les tiens les premiers adorez ;
Ainsi qu'à mon resueil, ma premiere pensée
Est d'apporter mes vœux dessus ta main pressée
Si ta porte souffroit que mon extréme amour
Te pût rendre plutost des deuoirs, que le iour ;
Les celestes appas dont le Ciel t'a doüée,
Mais c'est trop t'ennuyer, tu hays d'estre loüée,
Ie croy que te parlant si souuent de mon feu,

Mon importunité t'en a fait perdre vn peu.
Excuse (mon Soucy) cette ardeur sans pareille,
Qui ne me permet pas d'épargner ton oreille;
Et pour changer enfin ces longs propos d'amour,
Apprens que cette chasse est heureuse à la Cour,
Que le Ciel l'ordonnoit, pour conseruer la vie
D'vn homme à qui sans nous elle eust esté rauie,
D'vn Seigneur, que ses gens estoient prés d'outrager,
Mais la Reyne reuient, voys-tu cét estranger;

SCENE II.

La REYNE, ISABELLE, CLEONTE,
ADRASTE, CLORIMAND,

La REYNE.

L'Amour qu'on a pour vous (ma Mignon-
ne) est bien forte
Puis qu'elle a fait haster vostre Amant de la sorte,
Adraste, ayant parlé, depuis vostre retour,
Pourray-ie entretenir cette belle à mon tour,
Que vous paroissez froid, & que ce teint est palle,
N'estes vous point ialoux de m'auoir pour riuale,
Craignés-vous que par moy vos espoirs soient déceus,
Vous

Vous pouuez viure, Adraste, en repos là dessus,
Pour tout autre que vous, ie croy qu'elle est de glace,
Et ie n'ay pas dessein d'obtenir vostre place.

ADRASTE.

Si ses yeux ne me font d'autres riuaux que vous,
Madame, ie promets de n'estre point ialoux,
Que vous voyant tousiours cherir sa compagnie,
Ie n'accuseray point vostre ardeur infinie,
La garde d'vn thresor qu'on ne peut trop priser,
Est bien seure en la main de qui n'en peut vser.

LA REYNE.

Et quand ie le pourrois, vous auez trop de charmes,
Et pour vous seulement son cœur met bas les armes;
Or puisque ie ne puis vous causer de soucy,
Vous nous laisserez bien entretenir icy;
Vous Cleonte, songez à quoy ie vous inuite,
Logez ce beau Seigneur, cherissez son merite,
Donnez à sa vertu les plus chers de vos vœux
Et croyez qu'en vn seul vous en obligez deux.

Tout le monde sort. La Reine & Isabelle hemeurent.

La REYNE.

Sçays-tu bien qui ie suis.

ISABELLE.

L'unique souueraine

F

Qui preside en ces lieux sous le titre de Reyne.

La REYNE.

Ha! ne m'honore point de cette qualité
Vn tyran m'arauy toute ma dignité;
De ce nom glorieux vn puissant Roy me priue
Et ne me laisse plus, que le nom de captiue.

ISABELLE.

Ie demeure confuse à ces tristes propos,
Hé! qui de vos voisins trouble vostre repos.

La REINE.

Vn qui rend des plus fiers les armes inutiles,
Qui brusle ses sujets; qui démolit des villes,
Qui se fait redouter des plus ambitieux,
Qui meut toute la terre, & fait la guerre aux Cieux,
Vn de qui la puissance, ou nuisible, ou seconde,
Quand ill' a resolu, blesse, ou guerit le monde.

ISABELLE.

Si l'on s'armoit (Madame) & qu'on luy resistât,
Mais est-il bien auant desia dans cét état?

La REINE.

Desia iusques au cœur il a porté ses armes,
Desia ses cruautez t'ont arraché des larmes,

Tu le ſents, tu le crains, il marche ſur tes pas;
Tu l'as nommé cent fois, & ne le cognois pas.

ISABELLE.

Que vous cauſez de trouble à mon ame incertaine,
Monſtrez-le moy, Madame, & me tirez de peine,

La REINE.

De qui ſe plaint Adraſte, exprimant ſon ſoucy.

ISABELLE.

D'amour.

La REINE.

Et c'eſt de qui ie me veux plaindre auſſi.
Ce tyran de nos cœurs a ma raiſon bleſſée,
Cét aueugle Demon gouuerne ma penſée,
Si iamais vn mortel expira par le feu,
Croy moy, ie ne vy plus, ou ie mouray dans peu.

ISABELLE.

Il eſt vray que l'amour fait de rudes atteintes,
Mais cela ne peut pas authoriſer vos plaintes,
Celuy ſe plaint, qui bruſle, & ne peut poſſeder,
Mais pourquoy vous, Madame, à qui tout doit
    ceder;
Aymez-vous vn rocher, vn arbre vne fonteine,

Sont-ce là les objets qui cause voſtre peine,
Vn rocher répondant à vos diuins accens,
Par voſtre propre voix a-t'il charmé vos ſens
Vn arbre pour vous voir de ſon amour eſpriſe,
A-t'il fourny des traits au Dieu qui vous maiſtriſe,
Vn ruiſſeau vous a-t'il vos yeux repreſentez,
Et touché voſtre cœur par vos propres beautez.

La REINE.

Amour, qui cognoiſſoit mon ame ſi facile,
Pour me venir dompter a quitté la Sicile,
Amour meſme eſt venu ſous ſes loix me ranger,
Et tu le viens de voir en habit étranger,
Tu l'as veu, qui marchoit à coſté de Cleonte,
Mais ie croy que ces lieux vont rougir de ma honte,
Dieux ! euſſay-ie eſperé ſi lourdement faillir,
Et qu'on me pût defaire auſſi toſt qu'aſſaillir,
Qu'vn moment, qu'vn regard pût vaincre ma
    conſtance,
Mais l'amour eſt vn Dieu tout cede à ſa puiſſance.

ISABELLE

Cét étranger, Madame, eſt poſſible de rang
Qui puiſſe par l'Hymen le ioindre à voſtre ſang,
Adraſte me contoit ſa rencontre impreueuë,
Et commençoit encor quand nous vous auons
    veuë.

La

La REYNE.

Son Roy vouloit qu'icy l'on acheuaſt ſon ſort
Des traiſtres l'aſſailloient, i'ay diuerty ſa mort,
I'ay leu dans les ſecrets de ſon ame innocente,
Son crime eſt ſeulement d'auoir aymé l'Infante,
Pour auoir merité ſa reciproque amour,
Son Roy ſe propoſoit de le priuer du iour;
Mais dans peu tu ſçauras plus au long cette hiſtoire,
Il ſuffit, ce vainqueur triomphe de ma gloire,
Ie feindrois vainement, il le faut auoüer,
Ie porte des liens qu'on ne peut deſnoüer,
Et ſi tu ne promets du ſecours à mes peines
Ie dois bien redouter de mourir dans ſes chaiſnes.

ISABELLE.

En quoy puis-ie obeir à voſtre Majeſté
Vous ſçauez mon ardeur, & ma fidelité.

LA REYNE.

Ie la ſçay (ma mignonne) & c'eſt auſſi la cauſe,
Qui fait que ſur tes ſoins mon eſpoir ſe repoſe,
Que ie vays engager mon honneur à ta foy,
Et que tous mes deſſeins ne s'ouuriront qu'à toy.
Feints de bruſler pour luy d'vne ardeur ſans ſeconde,
C'eſt l'vnique remede où mon eſpoir ſe fonde,
Ecry, pleure, langny, faits parler tes attraits,

G

Fais tirer à l'amour les plus doux de ses traits,
Tu peux si ton esprit tous ces moyens essaye,
Par une fausse ardeur en causer une vraye.

ISABELLE.

Mais en feignant (Madame) un feu si vehement,
Il me faut donc resoudre à perdre mon Amant.

LA REYNE.

Simple, qui ne sçay pas, qu'à la fille aduisée,
Abuser tous les cœurs, est une chose aysée!
Telle, en trahit un cent, & se fait aymer d'eux,
Et tu n'espere pas d'en pouuoir tromper deux.

ISABELLE.

Si pour vous obeyr ma perte est necessaire,
I'offre mes iours, Madame, au desir de vous plaire,
Ne m'honorez iamais de vostre affection,
Si le tout ne répond à vostre intention.
Mes yeux (pour commencer) apprendront de ma
    glace,
Auec quels mouuemens ils auront plus de grace,
Par quels ris ie pourray m'acquerir plus de vœux,
Et par quelle frisure embellir mes cheueux.
Pour rendre à mes desirs son ame resignée,
S'il vous plaist, i'employray le fard & la seignée,
Mes mains emprunteront la blancheur des onguens,

Ie veux, pour les polir auoir au lict des gans;
Ie consents qu'vn Tailleur inuentif & fidelle,
Pour me rendre le port & la taille plus belle,
N'épargne en mes habits, ny baleine, ny fer,
Et me serre le corps, iusques à m'estouffer ;
Ie parleray tousiours de souspirs & de flame,
A ce ieune étranger, qui vous a rauy l'ame,
Ie n'épargneray point les pas de cent valets,
Et mille cœurs naurez empliront mes poulets;
Ie m'y qualifieray du nom de prisonniere,
Luy du nom de mon tout, de ma seule lumiere,
Ce ne seront qu'Amours, que souspirs, & que
    vœux,
Ie les cachetteray de mes propres cheueux,
Ie verseray des pleurs, il me verra malade
Si quelque autre en obtient seulement vne œillade.

LA REYNE.

Ma mignonne, tout beau, c'est trop bien m'obeir,
Et pensant m'obliger, tu pourrois me trahir,
I'entends, que tu feindras de te sentir atteinte,
Mais non pas de passer les bornes de la feinte;
Or allons de ce pas, tracer vn mot d'écrit
A ce diuin obiet, qui regne en mon esprit,
Où tu tesmoigneras, qu'vne ardeur impreueüe
A forcé ta deffence à sa premiere veüe,
Que ton affection l'inuite de venir,

(Ce soir, où tu pourras seule l'entretenir,
Aux murs du vieux iardin, où certaine fenestre
A l'instant assigné te laissera paroistre;
Or voicy le dessein de cette invention,
Ie pourray sous ton nom conter ma passion,
Là, seule, en tes habits, en ta place, & voilée,
De tous autres objets, que de luy, reculée,
Ie luy declareray les amoureux transports,
Qu'il excite en mon ame auec des traits si forts;
Ie sonderay son cœur, & sans estre cogneuë,
Ie feray, qu'il verra ma flame toute nuë;
Allons donc luy tracer cet écrit promptement,
Et songeons à ioüer le tout subtilement.

SCENE

SCENE III.

CLORIMAND, CLEONTE, LYSIS.

CLORIMAND

O Bligez, moy (Monsieur) de nommer cette belle,
Que la Reyne cherit.

CLEONTE.

Son nom est Isabelle.

CLORIMAND.

Ie treuue que son port est plain de Majesté
Qui semble naturelle, & n'a rien d'affecté,
Ses regards sont pourueus de qualitez exquises
Qui pourroient des plus froids asseruir les franchises,
Luy voyant l'œil à bas, graue, & demy-fermé
Ie ne sçay de quelle ame il ne seroit aymé;
Ie croy que de plusieurs cette belle est seruie,
Et que beaucoup de cœurs en attendent la vie.

H

CLEONTE.

Vous iugez sainement, elle a des qualitez
A qui beaucoup d'esprits rendent leurs libertez,
Qui sçauent des plus froids faire fondre les glaces,
Car ainsi que son corps son esprit a ses graces,
Ses yeux, & ses discours charment également,
Mais comment est la Reyne en vostre sentiment?

CLORIMAND.

Ses moindres ornemens surpassent l'excellence;
Mais ie l'aprendray mieux, Monsieur, par le si-
lence;
Car d'abord que ie vy ses charmes inouys,
Mon ame fut rauie, & mes yeux esblouys;
Son visage est diuin, ses vertus sans pareilles,
Helene auoit son nom, mais non pas ses merueilles,
Le Sceptre qu'elle tient de la faueur des Cieux
N'est pas plus absolu sur les cœurs, que ses yeux.

CLEONTE parlant bas.

Ha c'est trop découurir les secrets de son ame,
Et ie n'y ly que trop ma ruine, & sa flâme,
Cleonte! quel malheur, est pareil à ton mal?
Reduit à carresser, & nourrir ton riual!

CLORIMAND.

Monsieur, ne puis-ie auoir depart en ce langage,
Quel accident si prompt a changé ce visage,
Si mon occasion vous cause ces ennuis,
Vous ne vous voulez pas souuenir qui ie suis.

ISABELLE à la fenestre.

Icy, Lysis.

LYSIS.

Hé! qui, nous peut desia cognoistre.

ISABELLE.

Approche, va donner cette lettre à ton Maistre.

LYSIS.

Ha! nous voila bien tost grands Seigneurs à la
Cour,
Et nous auons desia fait naistre de l'amour.

CLEONTE.

Il le faut, Clorimand, te confesser que i'aime,

Ainsi que son objet, mon amour est extréme,
Et la peur dont tu vois mon esprit agité,
Est vn effect causé par cette extremité;
Quelque insigne amitié, que nous ayons iurée,
Ie ne sçay quels soupçons ont mon ame alterée,
L'excés de ton merite est suspect à ma foy,
Ie crains qu'ayant semé les fruicts ne soient à toy;
La Reine paroist trop de tes charmes touchée,
Et ma ialouse humeur ne peut estre cachée,
Mon cœur aime en ce lieu, i'adore sa beauté,
Autre ne peut l'aimer auec impunité,
L'ame que ie verrois d'vn mesme espoir flattée,
(La tienne seulement de ce nombre exceptée)
Me desobligeroit, & ie perdrois le iour,
Pour la faire changer d'obiet, & de seiour.

CLORIMAND.

Quand ie pourrois, monsieur, brusler de cette flâme,
Ma naissance inegale asseure assez vostre ame,
La Reine cesseroit d'estre aimable, en m'aimant,
Ce chois offenceroit son diuin iugement,
Laissez viure, monsieur, toutes vos esperances
Croyez qu'elle sçay mieux faire les differences,
Moy, que ie sçay mieux viure, & qu'au moindre
    besoin
Ma mort l'exempteroit d'amour, & vous de soin,
                                        Mais

Mais quel est ce papier?

Lysis
luy ap-
porte la
lettre.

LYSIS.

C'est à vous qu'il s'addresse,
Desia vostre merite a fait vne maistresse,
Vn miracle d'amour me l'a mis dans les mains,
Lisez, & vous verrez si mes soupçons sont vains.

CLEONTE.

H a Cleonte! le tien n'est que trop veritable!
Et tu vois de tes yeux ta perte indubitable,
Ne donne plus de vœux à ce volage esprit,
La perfide qu'elle est a tracé cét écrit.

CLORIMAND lit.

Agreable Espagnol, i'honore ton merite,
Par dessus tout ce que ie voys,
Et pour l'apprendre de ma voix,
Honore moy d'vne visite.
Aux murs du vieux iardin vne fenestre basse,
M'offre le moyen de te voir,
Viens y, contente mon espoir,
Auant que cette nuict se passe.
Mais prend garde sur tout que tu me sois fidelle,
Traittons l'amour secrettement,
Tu ne pourrois impunement
Desobliger ton Isabelle.

Conte-
nu de la
lettre.

Il continuë.

L'esprit, qui sommeillant se voit representée
La chose, ou son humeur de iour estoit portée,
Qu'vn beau songe deçoit par d'apparens appas,
Qui pensant beaucoup voir, en effect ne voit pas;
Riroit bien, me sçachant en cette deffiance,
De vaines visions obtienne sa croyance,
Moy, ie voy de mes yeux, & ma simplicité
Me fait encor douter, si c'est la verite;
Mais enfin ie croiray que mes yeux sont fidelles,
Et promets de seruir ce miracle des belles;
Que vous semble Cleonte, ay-ie vos soins deceus,
Pouuez-vous asseurer vostre esprit là dessus.

CLEONTE.

Non, non, c'est perdre temps, que de flatter ma
　　peine,
Vous lisez Isabelle, il est écrit Helene,
Vostre esprit m'est suspect, à d'autres Clorimand,
Ie ne puis croire icy que mes yeux seulement.

CLORIMAND.

Luy baillant la lettre.

Iugez donc par vos yeux, si ie suis veritable,
Si de ces trahisons mon esprit est capable.

CLEONTE, lisant la lettre.

Isabelle; ha c'est tout, ce mot est trop puissant,
Et vient de releuer mon espoir languissant,

Pardonne, cher amy, ma crainte est criminelle,
Que ie baise cent fois ce beau nom d'Isabelle,
Mon cœur, par ces baisers, n'est pas moins satis-
    faict
Que tu seras baisant le visage en effect.
Que ie sois honoré de cette confidence,
Croy, que pour mes amis, i'ay beaucoup de pru-
    dence,
Que ie puis au besoin ma memoire asseruir,
Et que ie ne sçay rien, qu'alors qu'il faut seruir.

ACTE TROISIESME.

SCENE I.

La REYNE seule, à la fenestre du iardin.

La
nuict

Voy, tu n'es pas icy, cher espoir de
ma vie;
Ha, que tu faits languir mon amou-
reuse enuie,
Quel obstacle ce soir a retardé tes pas
Mon cœur, ie voy la nuict, & ie ne te voy pas.
Mais las! si par malheur il m'auoit recognuë,
Et que cét accident empeschast sa venuë,
Qu'en l'vn des soirs passez il se fust apperceu,
Que dessous vn faux nom mon amour l'a deceu,
Que son cœur se flattoit d'vne esperance vaine,
Et qu'au lieu d'Isabelle il parloit à la Reine,
Qu'vn semblable malheur me causeroit d'ennuy,
Que le iour, pourroit bien venir plutost que luy;

Que

Que luy, qui iugeroit cette ruse suspecte,
Bien loin, de me cherir autant, qu'il me respecte;
Ie veux mieux esperer de la faueur des Cieux;
Mais ie sents le sommeil se couler sous mes yeux.

SCENE II.

CLORIMAND, CLEONTE, LYSIS.

CLORIMAND.

I'Ay creu que vous m'aymiez, mais vostre def-
   fiance,
Cleonte, ne peut plus m'en laisser la croyance,
Car pourquoy voulez-vous accompagner mes pas
Si l'obiect que ie sers ne me le permet pas,
M'importuner icy d'vne assistance vaine,
Et me l'a refuser, quand ie serois en peine,
C'est me faire, Cleonte, vn mesme desplaisir,
M'aymant, ne suiuez point mes pas, mais mon
   desir.
Depuis long-temps desia tout le monde sommeille,
Et ie fais trop languir cette ieune merueille,
Que vous ay-ie celé iamais à mon retour?
Ha certes, voila trop outrager mon amour

K

CLEONTE.

Receuez-vous ainsi mon fidelle seruice?
Vous offrir du secours est-ce vn maunais office?
Craindre, comme ie fais de vous voir en danger,
Et qu'on ne vous outrage, est-ce vous outrager?

CLORIMAND.

Laissez de mon salut répondre mon courage,
Cleonte, c'est pour vous que vous craignez l'outrage,
Vostre ialouse humeur, vous rend officieux,
Mais quittez vos soupçons, & me cōnoissez mieux;
Les attraits d'Isabelle ont mon ame charmée,
Et toute autre, m'aymant, ne seroit pas aymée,
I'ayme, & i'ay du respect, pour qui i'en dois auoir,
Ie sçay faire l'amour, & faire mon deuoir,
Si i'auois dans le Ciel vne Amante nouuelle,
Ie n'y monterois pas pour laisser Isabelle,
Quoy que la beauté mesme eust de charmans appas
En fussay-ie adoré, ie ne l'aymerois pas.

CLEONTE.

Croyez-moy, Clorimand, que cette frenaisie,
N'a pas iusqu'à ce poinct troublé ma fantaisie,
On ne peut ignorer vos rares qualitez,
Et combien vostre aspect est fatal aux beautez,

Mais ie cognois aussi combien la Reyne est sage,
Et que c'est la raison qui gouuerne son âge;
Vn doute seulement tient mon ame en soucy,
Pourquoy cette beauté ne vous parle qu'icy,
Qui la meut à cacher vne amour vertueuse,
Contentez là dessus mon humeur curieuse.

CLORIMAND.

Pour ce poinct, ie ne puis autre chose estimer,
Sinon, qu'elle veut voir ce qu'elle veut aymer,
Qu'elle veut esprouuer combien ie la respecte,
Et qu'elle tient l'humeur de mon pays suspecte;
Elle s'ayme auec moy, mais si discrettement,
Que ie n'ay pas le bien de la voir seulement,
Quand ce bien m'est offert en faueur d'vne étoille,
Elle hausse les mains pour abbaisser son voile,
Elle rougit de honte, & ie rougis aussi,
La mesme pureté feroit l'amour ainsi.
Mais ne me suiuez plus, i'arriue à la fenestre,
Où cét Astre voilé me va bien tost paroistre,
Retirez vous d'icy, contentez mon desir,
Si vous me cherissez, cherissez mon plaisir.

CLEONTE.

Puisque vous refusez d'accepter mon seruice,
Adieu, que le Ciel soit à vos flâmes propice.

Il s'en
va.

CLORIMAND seul auec Lysis.

Iamais cét Orizon ne se vid plus en paix,
Iamais le Ciel ne prit vn bandeau plus épais,
Qu'en cette heureuse nuict i'ay la fortune amie,
Ie n'entends aucun bruict, la Lune est endormie,
Quelque amoureux larcin, que pust faire vn
　　Amant,
Ie croy, qu'il pecheroit ce soir impunement,
Et qui dit que le Ciel voit icy toute chose
Perdroit cette creance, à voir comme il repose;
Qu'on dressast maintenant, où rompist ses autels,
Ie croy qu'il a perdu tout soucy des mortels,
Les Dieux sont assoupis aussi bien que les hommes,
On y dort aussi bien qu'au seiour où nous sommes,
Et de tout ce qui donne, & qui reçoit le iour,
Rien ne veille, que moy, ma maistresse, & l'amour,
Que ie t'éprouue ô Ciel, propice à ma priere,
Ta voûte me vaut mieux, moins elle a de lumiere,
Ma belle aimant mes yeux est ialouse des tiens,
Leur importunité nuit à mes entretiens,
Quand tu ne la peux voir, elle est à la fenestre,
Mais elle disparoist, en te voyant paroistre.

LYSIS.

Adorez-vous quelqu'vn de ces oiseaux de nuict,
　　　　　　　　　　　　　Qu'on

Qu'on ne peut iamais voir, quand le Soleil nous
   luit,
Vn hibou cause-t'il vostre amoureuse peine,
Auriez-vous bien, monsieur, vne ame si peu saine.

CLORIMAND.

Ha! ne fais point ce tort à ces diuins appas,
Nous aimons bien les Dieux, & ne les voyons pas,
Croy que ses volontez ne sont point sans mystere,
Que ce poinct te suffise, & t'oblige à te taire,
Adieu, fay bonne garde, & songe à m'aduertir
Si quelque obiet venoit mes plaisirs diuertir;
I'entends desia du bruit;

La REYNE à la feneftre.

Eft-ce toy ma lumiere?

CLORIMAND.

Vous enuiez toufiours d'eftre icy la premiere,
Eftant fi pareffeux, pour vn bon-heur fi cher
Ie vous donne beaucoup de quoy me reprocher;
Mais voulez-vous toufiours, ma Deeffe, mõ ame,
De la feule parole entretenir ma flâme?
Aimeray-ie long-temps fous de fi dures loix?
Adoray-ie vn Echo, n'eftes-vous qu'vne voix?
Et l'amour m'auroit-il reduit à la mifere,
De viure fi conftant pour chofe fi legere,

                         L

Oſtons luy (ma Deeſſe) vn ſi facheux bandeau,
Laiſſons luy voir le iour, donnons luy ſon flambeau,
La nuiĉt, nous allumons le feu, qui nous faiĉt
    plaindre,
Et les autres Amans l'employent à l'éteindre,
Si noſtre amour produit ſes fleurs durant la nuiĉt
En quel tĕps voulez-vous qu'il produiſe du fruiĉt;
Pour le moins, attendant la fin de mes ſupplices
Que comme vn autre ſens mes yeux ayent leurs
    delices,
Puiſque la main du Ciel doit conioindre nos iours,
Faiſons ſon œil teſmoin de nos chaſtes amours.

La REINE.

Sçachant quelle raiſon cauſe cette contrainte,
Tu ſerois le premier à condamner ta plainte;
Vn nombre d'enuieux nuit à noſtre bon-heur,
I'aime bien Clorimand,mais i'aime auſſi l'honneur,
Si tu ſçauois, combien ie voy de monde en peine
De me rendre odieuſe, ou ſuſpecte à la Reyne,
Combien de médiſans, combien d'Amans tranſis
Que ie laiſſe pour toy, dreſſent là leurs ſoucys;
Croy, que tu me loüerois de beaucoup de franchiſe,
Que ſçay-ie, ſi bien toſt ie ne ſeray ſurpriſe?
Si l'on n'a point icy quelques pieges tendus,
Et ſi tous nos diſcours ne ſont point entendus,
La Cour a-t'elle pas des eſpions ſans nombre?

Et qui sont clairs-voyants dans le milieu de l'öbre;
Le courage desia de crainte me deffaut,
Approche, mon soucy, ne parlons plus si haut.

Ils parlét lôg-temps tout bas Cependant Lisis dit.

LYSIS.

Qu'vne estrange manie a troublé sa pensée!
C'est bien là se flatter d'vne amour insensée,
Combien de longues nuicts, il passe, à s'abuser
D'vne vaine recherche, & qu'il deust mespriser;
Il l'adore, il la croit de mille attraits pourueuë,
L'eleue iusqu'au Ciel, & ne l'a iamais veuë,
O la parfaite amour que l'amour des laquais,
Ils ne s'amusent point à de si longs caquets,
Iamais les enuieux sur leurs desseins ne mordent;
Deux mots ruinent tout, ou deux mots les ac-
    cordent;
Sans autres complimens, tel de telle a ioüy,
Qui n'auoit dit encor que le seul mot d'oüy,
Iamais tant de manie en leur cerueau n'habite,
De mesme que leurs pieds, leur passion va viste,
Pour moy, ie tiens pour fol, qui prend tant de
    soucy,
Qui pense bien aimer, & n'aime pas ainsi;
Deussay-ie mille fois ouïr le nom de traistre,
Fallust-il esprouuer combien pese sa main
Mon œil cede au sommeil, ie luy resiste en vain.

Il s'endo.t.

CLORIMAND, comme en cholere.

Ha! voila m'afliger d'vne trop longue attente,
Ma Deeſſe, il faut donc que la mort me contente,
Ie le deuois preuoir, que ſoys de faux attraits,
Vous attiriez vn cœur que vous tueriez aprés.

La REINE.

Qui te fait outrager vne amour ſans ſeconde,
Et que vois-tu, ſur quoy ce vain diſcours ſe fonde,
T'auoir ſollicité, ſans t'auoir recogneu,
Auoir deuant tes yeux mis mon eſprit tout nu,
Te iurer vne ardeur, que rien ne peut éteindre,
Eſt-ce là, Clorimand, vn ſujet de te plaindre?
Où prendray-ie mon cœur, de quoy te donner plus?
Si c'eſt là t'affliger, que feroit vn refus?
Mais ie ne te veux plus laiſſer de deffiance,
I'accorde encore vn poinét à ton impatience,
Demain, quand le Soleil aura finy ſon tour,
Ie veux t'accompagner en ces lieux d'alentour;
(Pourueu qu'également l'autre nuiét ſoit obſcure,)
Eſt-ce là te monſtrer vne amour aſſez pure;
Mais ie crains qu'on m'entende autant que le trépas,
Approche vn peu plus prés, & diſcourons plus bas.

SCENE

SCENE II.

ADRASTE vient pour voir sa Maistresse.
CLORIMAND, La REYNE, LYSIS.

ADRASTE.

BOns Dieux ! si ie treuuois sa passion changée !
Si dessous d'autres loix amour l'auoit rangée !
L'ayant entretenuë en ce lieu si souuent,
Pourquoy n'y suis-ie plus mandé comme deuant ?
Quelques Amans noueaux auroient-ils pris ma
place ?
Ha ! ie luy faits du tort croyant qu'elle m'en fasse,
Ie doy plus de croyance à sa fidelité,
On ne voit point changer vne diuinité ;
Mais quoy qu'en sa faueur ma passion me die,
Ie treuue depuis peu son humeur refroidie,
Pour flatter en ce lieu ma chaste affection,
I'en auois tous les iours vne assignation ;
C'est là qu'elle m'ouuroit ses plus douces pensées.
C'est là que nous auons de longues nuicts passées ;
Ie l'accuserois bien d'oublier son deuoir,
Si i'auois cette nuict le bon-heur de l'y voir.

M

La REINE.

Quelle peur fut iamais à la mienne pareille ?
Retirez-vous, vn bruict a frappé mon oreille.

CLORIMAND, venant à Adraste.

Ie reuiens de ce pas. Cleonte est-ce pas vous ?
Ha ! que ie veux de mal à vostre esprit ialoux!
Que vostre confidence est vne vaine fable!
Que ie treuue auiourd'huy vostre amitié coupa-
   ble,
Et que vous sçauez mal obliger vos amis,
Vous voyant vn secret si librement commis.
Le Ciel me soit tesmoin si i'ay l'ame infidelle,
Si i'adore icy bas que les yeux d'Isabelle,
Si rien me peut resoudre à rompre ma prison,
Et si iamais la Reyne a tenté ma raison.
D'vne pareille ardeur sa belle ame souspire,
Elle vient d'asseurer la fin de mon martyre,
Tout rit à mes desseins, en vn mot, Clorimand,
S'il n'auoit point d'amy, seroit heureux Amant;
I'ay promis de reuoir cette rare merueille,
Cleonte, allez finir cette inutile veille,
Ne diuertissez plus nostre doux entretien,
Et prenez du repos, si vous aymez le mien.

Il re-
tourne
à la fe-
nestre &
parle
tout bas

ADRASTE seul faisant l'étonné.

Veillay-ie? ou si ie dors? ie me sents, ie me touche,
Et ie ne treuue icy, ny mes draps, ny ma couche;
Ce n'est point vne erreur qui me vient d'arriuer,
Ie resue seulement quand ie pense resuer ;
Il est trop veritable, Adraste, que tu veilles,
Ne cherche point dequoy démentir tes oreilles,
La perfide languit en de nouueaux appas,
Ton malheur est visible, ou le iour ne l'est pas.
Ce mignon d'étranger a son ame blessée
Il a sur tes desseins vne embusche dressée,
Et tes estonnemens estoient bien superflus,
Quand cét esprit leger ne te carressoit plus.
Quoy? ie laisse passer impunement l'iniure,
Ie n'assassine pas le traistre, & la pariure,
A ce honteux affront ie demeure esbahy!
Ie laisse plus long-temps viure qui m'a trahy?
L'offense est trop sensible à mon ame irritée,
Et ne la vengeant pas ie l'aurois meritée.

Il va
vers la
fenestre
l'épee à
la main.

La REYNE se retirant.

Adieu, separons nous sur ce serment nouueau,
Que ie veux espouser ou vous, ou le tombeau.

CLORIMAND allant à Adreste.

Cleonte, parlez moy d'vne ame plus ouuerte,

Est-ce que vostre hayne a resolu ma perte?
Et quand vous me iuriez vne immuable foy,
Estoit-ce de m'oster les iours, que ie vous doy?
Aspirez-vous Cleonte, aux faueurs d'Isabelle?
En me priuant du iour, vous me priuerez d'elle,
Si ce diuin obiect ne me cherit assez,
Pour suiure ma chere ombre entre les Trespassez;
Mais ayant seulement de l'amour pour la Reyne,
Elle seule viuant sur vos iours souueraine,
Que vostre cœur n'a-t'il des sentimens plus sains,
Et pourquoy venez-vous trauerser mes desseins?
Iugez vn peu des maux où vostre humeur m'ex-
　　pose!
Qu'en l'art de bien aymer, vous sçauez peu de
　　chose!
Vous vous en acquittez de mauuaise façon,
Si vous n'en sçauez pas la premiere leçon,
Les cœurs les moins versez en cette belle étude,
Ont appris que l'amour cherche la solitude,
Qu'il se plaist dans vn bois, dans l'antre d'vn
　　rocher,
Tant ce honteux enfant ayme de se cacher;
Pourquoy ce petit Dieu se bande-t'il la vëuë,
Croyez-vous cette humeur de raison dépouruëuë,
Cleonte, c'est l'humeur du veritable Amant,
Ce n'est pas bien aymer, que d'aymer autrement.
Ie perds toute esperance, & ma mort est voisine

Puis

Puiſque mon confident entreprend ma ruine;
En mon aueuglement, ie ſuis bien ſans pareil!
Qui me perd, eſt celuy dont ie ſuy le conſeil,
Ie demande à celuy qui veut m'oſter la vie,
Comment i'empeſcheray qu'elle ne me ſoit rauie,
Ie m'enqueſte aux voleurs, où ie pourray cacher,
Le treſor amoureux que mon cœur tient ſi cher;
Ie vous l'ay découuert; ce miracle viſible
A meſme poinct que moy ſe voit l'ame ſenſible,
Si demain ie m'obtiens le plaiſir le plus doux,
Ie n'en puis accuſer que voſtre eſprit ialoux;
De rechef, croyez moy, par le nom d'Iſabelle,
Que voſtre ſeule humeur me peut ſeparer d'elle.

ADRASTE tout bas, tenant l'épée nuë.

C'eſt trop, enfin ſa mort rendra mes vœux contents,
Mais non, differe Adraſte, & prends aduis du
    temps.

CLORIMAND ſeul.

Vous ne répondez point, où fuyez-vous Cleonte?
La noirceur de la nuict couure aſſez voſtre honte,
I'excuſe. Mais ie tiens des diſcours ſuperflus,
Il s'eſt perdu dans l'ombre, & ne m'écoute plus.
Si penſant luy parler i'entretenois vn autre,
Ce ſeroit vn ſecret bien trahy que le noſtre!
Ha non! le Ciel aura ce malheur diuerty,

                        N

Puis Lyſis faiſoit garde, & m'auroit aduerty,
Lyſis, à moy Lyſis, ha Dieux l'étrange crainte,
Dont enfin, malheureux, ie ſens mon ame attainte!
Lyſis rends l'aſſeurance à mon eſprit confus,
Mais comment me répondre helas ! il ne vit plus.
Auec ce corps tout froid mon eſperance eſt morte,
L'aſſaſin que i'ay veu l'a mis en cette ſorte,
Ce voleur a ſon corps, & mes ſecrets ouuerts,
Tous mes ſoins ſont deceus, tous mes feux décou-
    uerts;
Deſia parmy les morts cette pauure ame habite,

Il cher Lyſis dans l'ôbre. l le reuue eu l'ormy.

LYSIS.

Pardonnez moy, monſieur, ou bien ie reſſuſſite,
Ie croy qu'on ne meurt pas d'vn aſſoupiſſement,
Bon, pour auoir dormy deux heures ſeulement.
Mais ſoit mort, ſoit ſommeil, i'ay pris trop de licence,
Et demande, Monſieur, pardon de cette offence.

CLORIMAND.

Ha traiſtre! mes amours ont par toy des teſmoins,
Ta ſeule negligence a ruiné mes ſoins;
Vn Dieu ne te pourroit ſauuer de mon eſpée,
Dans ton infame ſang elle ſera trempée,
Ainſi i'aduertiray ton eſprit repentant,
S'il ſert dans les enfers, de ne dormir pas tant.

il le veut tuer. Lyſis s'éfuit.

ACTE QVATRIESME.

SCENE I.

LE ROY ALPHONSE, en Ambaſſadeur, al-
lant à Naples. CLEONIS, & autres ſeruiteurs.

LE ROY.

QVE ie bruſle de voir ſa beauté ſans
    pareille!
Mon œil eſt enuieux du bien de mon
    oreille,
Atys, me depeignit ſon viſage ſi doux
Qu'à ſon premier rapport, mon cœur en fut ialoux,
Et que feignant d'aller ſecrettement à Rome,
Ie ſortis de Sicile auec vous & cét homme.
Comme vn petit enfant r'abaiſſe ma Grandeur!
Amour m'a fait pour moy, moy-meſme Ambaſ-
    ſadeur.

CLEONIS.

Il a fait bien souuent de ces metamorphoses,
C'est vn estrange Dieu, qui fait d'estranges choses,
Comme d'autres, les Roys sont sujets de l'Amour,
Mais, Sire, nous voila bien proche de la Cour.

LE ROY.

Ce fut donc prés d'icy, qu'Ormin, Atys, & Lerme
Virent en Clorimand vn courage si ferme,
Que la Reyne voyant sa resolution
Opposa du secours à leur intention.
Cette rare beauté diuertit mon enuie,
Et i'auois commandé qu'on le priuast de vie,
Que son occasion me donne de soucy;
Ie serois découuert s'il me voyoit icy;
Amour voile ses yeux, seconde mon voyage,
Ie iure à ton essence vn eternel hommage.

SCENE.

SCENE II.

ISABELLE, ADRASTE.

ISABELLE seule.

QVe tu dépends , mon cœur, de deux cruels
    tyrans;
Comment receuras-tu leurs aduis differends?
Ton amour te conuie à soulager ta peine.
Et ton deuoir te porte à soulager la Reyne,
Comme Amante, ie doy carresser mon Amant;
Comme suiette il faut obliger Clorimand,
Adraste, mon soucy, combien ton cœur endure!
Depuis le iour fatal, que cette feinte dure,
Voyant tant de faueurs que Clorimand reçoit,
Tes maux ne sont pas feints, quoy que mon feu le
    soit.
Quand te pourray-ie helas! caresser sans offence ?
Quand reprendrons nos cœurs leur premiere licence,
Mais le voicy.

ADRASTE fâché.

La Reyne est-elle encore au lict!

O

ISABELLE tout bas.

Quel trouble de raison dedans ses yeux se lit!
Ie laisse bien languir vn Amant si fidelle;
Haut. Elle repose encor, mais que voulez-vous d'elle.

ADRASTE.

Luy presenter mes vœux, sur le poinct de partir.

ISABELLE.

Quoy, nous quitter, Adraste? & sans m'en aduertir?

ADRASTE.

Ouy, quitter la plus vile, & la plus odieuse,
Que puisse desdaigner vne ame furieuse,
Le cœur le plus ingrat, & le plus criminel,
Qui merita iamais vn supplice eternel ;
Ouy partir, & quitter, fuyant ta compagnie,
La mesme cruauté, la mesme tyrannie;
Employe, employe icy tes plus charmans appas
Tesmoigne des douleurs que tu ne ressents pas,
Plains toy, romps tes cheueux, gemy, pleure, hy-
pocrite
Vante moy ton amour, exalte ton merite,
Soupire, embrasse moy, feints encor de brusler,

Songe à tout ce qu'il faut pour bien diſſimuler,
Appelle moy ialoux, atteſte ciel & terre,
Prends l'Enfer à teſmoing, iure par le tonnerre,
Hauſſe deuers le Ciel tes odieuſes mains;
Mais ton crime eſt viſible, & ces moyens ſont
  vains,
Ta hayne ne tient plus ma croyance agitée,
Si i'en doutois encor, ie l'aurois meritée,
Quoy ton ame s'eſtonne? & la voix te deffaut?
Commence vn peu volage à feindre comme il faut.

ISABELLE.

Pardonne, cher Amant, ie vay t'oſter de peine;   toutl as
Mais pour mon intereſt dois-ie trahir la Reyne?
Helas! que ce ſecret eſt fatal à mes iours!
Laiſſons, laiſſons plutoſt ruïner nos amours.

ADRASTE.

Enfin tu treuue donc ma plainte legitime,
Perfide, & te taiſant, tu confeſſe ton crime.

ISABELLE,

Dégorgez autre part voſtre eſprit furieux,
Et ne me tenez plus ces mot, iniurieux,
Adraſte, mon amour fait que ie les ſupporte,
Nais ne me venez plus outrager de la ſorte,

Où vous me pourrez tant blâmer de trahison
Qu'à la fin ie feray, que vous aurez raison,
Que ie rendray mon cœur capable de ce vice,
Ainsi vous vous plaindrez auec plus de iustice.

ADRASTE.

Esprit dissimulé, s'il en est sous les Cieux,
Veux-tu qu'en ta faueur ie démente mes yeux,
Et pour ne croire pas combien ton cœur est traistre,
Dy moy ? dois-ie accuser mon iugement de l'estre?
Ce que ie vis hier, fut-ce vne illusion?
Et n'entendis-ie rien à ta confusion?

ISABELLE.

Et qu'entendites-vous?

ADRASTE.

     A ce que ie vays dire,
As-tu goutte de sang que ta honte n'attire,
Si quelque honte en toy peut desormais agir,
Si ton front est encor capable de rougir.
Dy moy, te souuient-il de certaine fenestre?
C'est assez, voy par là ce que ie puis cognoistre,
Ce soir, tient ta promesse à ce fidelle Amant,
         Mais

Mais conduy ton affaire vn peu secrettement.

ISABELLE.

Dégorgez à souhait vostre ialouse rage,
Mais, que ma pureté ne souffre point d'outrage;
Ie n'ay point de dessein que ie doiue cacher ;
Ce discours, aprés tout, commence à me fascher.

ADRASTE.

Ne te deuois-ie point preparer des loüanges?
Pour t'eleuer, veux-tu que i'abbaisse les Anges?
Bien, il faut te flatter. Tous tes desirs sont saincts,
Lucrece n'eut iamais de si chastes desseins,
Le brasier le plus pur doit ceder à ta flâme,
La blancheur de ton col, à celle de ton ame;
Tu reçois en ton cœur mon pourtraict seulement,
Tes faueurs n'ont iamais obligé Clorimand,
Iamais cét Espagnol n'a touché ta pensée,
Iamais auecques luy tu n'as de nuict passée,
Iamais tu n'as flatté son impudique espoir,
Des serments solemnels de te liurerce soir;
Non ie n'ay pas esté le témoin de ta honte,
Iamais cét estranger ne m'a pris pour Cleonte,
Il ne m'a pas iuré qu'il vinoit sous ta loy   (toy;
Qu'il mesprisoit la Reyne, & qu'il n'aymoit que
P

Tu ne souffres de luy carresse, ny licence,
En vn mot, qui te voit, voit la mesme innocence,
T'appeller infidelle, ha ce nom te déplaist!
I'ay tort, & c'est plutost mon oreille qui l'est,
Ie crains sans fondement, que ton feu s'amortisse,
T'accuser d'estre iniuste; ha c'est vne iniustice,
On ne peut voir en toy, ny tache, ny deffaut,
Inconstante, est-ce là le discours qu'il te faut?

ISABELLE.

Certaine feinte, Adraste, à ton ame deceuë
Feinte, qui me sera glorieuse à l'yssuë,
Ie reuiens de ce pas, donne moy seulement,
Le loisir de parler à la Reyne vn moment,
Et tu seras fasché de m'auoir méprisée,
Si de te détromper ie suis authorisée.

ADRASTE.

Perfide, c'est assez, ne va point conceuoir,
Par quel nouueau moyen tu me peux deceuoir,
Quelques inuentions que ton esprit essaye,
Parler de me guerir c'est irriter ma playe,
Que de feinte en vn cœur, que ce sexe a d'attraits!
Et qu'il est mal-aysé d'échapper de ses rets!
Que nature a donné peu de prudence aux hommes,

Qu'elle nous haïſſoit, abuſez que nous ſom-
    mes,
Quand, nous établiſſant en ce mortel ſejour,
Elle fiſt qu'auec nous ce ſexe viſt le iour;
S'il a quelques appas, qu'il a de tyrannie!
Noſtre bien dépendoit d'eſtre ſans compagnie;
Puiſque la trahiſon regne dans cette Cour,
Adraſte, cherche ailleurs d'autres obiets d'amour,
Porte en d'autres païs tes vœux & ton courage,
Veux-tu de ton affront vn plus clair teſmoigna-
    ge?
Ha, laiſſe vn libre cours à leurs ſales eſbats,
Et n'attends pas de voir ton riual en ſes bras;
Mais il vient, ie le voy.

SCENE III.

CLORIMAND.

*E*N quel endroict du monde
Allez-vous exercer cette main sans seconde?
Cheriſſez-vous ſi peu cét aymable ſejour,
Adraſte, eſt-il donc vray que vous quittez la
　　Cour?

ADRASTE.

D'aſſez iuſtes raiſons cauſent cette ſortie,
Si pour voſtre ſeruice, elle n'eſt diuertie,
Ne me figurez point ce ſejour plain d'appas,
Aymerois-je vn endroit, où l'on ne m'ayme pas?
Ie voudrois vous laiſſer vn gage d'importance,
Mais leger, beaucoup plus que la meſme incon-
　　ſtance,
Sa nature eſt de vent, que tout peut agiter,
Il faut eſtre vn Æole afin de l'arreſter;
Toutefois, il faut bien en redouter la perte,
Vous acquitterez-vous de cette charge offerte?

CLO-

CLORIMAND.

Ie vous voudrois, monsieur, dauantage obliger,
Craindrois-ie ce fardeau, puisqu'il est si leger?

ADRASTE.

Cette legereté toutefois est à craindre,
Et ie croy que bien tost on vous en oyrra plaindre,

CLORIMAND.

Qu'est-ce donc?

ADRASTE.

Vne femme;

CLORIMAND.

*   Ha demeurez icy,*
Ou qu'vn autre ayt le soin d'vn semblable soucy,
Ordonnez moy plutost le soin de tout le monde,
Y songeant seulement, ma peine est sans seconde;
Tous les trauaux, qu'Alcide a iamais entrepris,
Sont moins, que d'arrester ces volages esprits;
Vne fleche dans l'air, des ondes agitées,
Des flammes vers le Ciel peuuent estre arrestées;
On peut appriuoiser les plus fiers animaux,
Ils perdent leur instinc, on n'en craint plus les maux,

Q

On voit auec le temps leur nature changée ;
La femme seulement ne peut estre rangée,
En vain on bastiroit des murailles d'airain,
Il faut que son vouloir soit par tout souuerain,
Elle seule se garde : enfin s'il est possible
Dispensez mon esprit de ce soin trop penible;

ADRASTE.

Puisque vous estimez ce fardeau si pesant,
Au moins, pour m'obliger conseruez ce present;
Adieu, viuez heureux, soyez tousiours fidelle,

Il s'é va C'est vn cœur bien constant que celuy d'Isabelle.

CLORIMAND demeure seul estonné, & regardant ce qu'Adraste luy a laissé, il lit la premiere lettre.

*Conte-
nu de la
premie-
re lettre*
    Adraste ne differe plus
On n'attend rien, que tes demandes,
Tous ces écrits sont superflus,
Il te faut des faueurs plus grandes,
On authorise nos amours,
Le Ciel a receu tes offrandes,
Hymen dust auoir ioinct nos iours.

                    ISABELLE.

*Autre
lettre.*
    Adraste, il est vray que ie t'ayme,
Autant qu'vne fille le doit,
Si mon sexe le permettoit,

Ie te dirois plus que moy-mesme;
- Iuge, receuant ces cheueux,
Combien mon amour est extréme,
Et combien tu me dois de vœux.

ISABELLE.

Tes veux ont enfin la victoire,   Autre leçon.
Ils t'ont ce pourtraict procuré,
En vain d'autres l'ont desiré,
Vante toy seul de cette gloire;
Baise-lé; mais dans ces transports,
Conserue tousiours la memoire,
Qu'il te faut posseder le corps.

ISABELLE.

Ha perfide, est-il vray que i'idolatre vne onde?
Est-ce dessus du vent que mon espoir se fonde?   Il continuë
Adraste encore vn mot, ie ne veux qu'vn moment,
Mais il n'est plus icy, i'appelle vainement;
Adorable tableau, serois-tu la peinture
Du plus muable obiet qui soit en la nature?
En dois-ie redouter vn si cruel affront?
Ne le puis-ie iuger par les traits de ce front?
Helas, il est trop vray, ma perte est trop certaine,
Elle promet en vain du secours à ma peine,
Elle tient tous obiects dans vn ordre commun,
Et promettant à tous n'en oblige pas vn.
Donc, ce fut ce ialoux qui recognut ma flâme?

A qui i'ouuris hier les secrets de mon ame?
Adraste, tu vis donc que i'aymois ses appas
Aux lieux où tes soupçons auoient conduit tes pas?

Isabelle vient. *Mais elle vient.*

ISABELLE.

Adraste?

CLORIMAND toutbas.

Ha que ce nom me touche,
Elle a ce mot encore au cœur, comme en la bouche.

Haut. luy mô-strant la lettre. *Tout fraichement, Madame, Adraste sort d'icy,*
Si vous ne voulez voir que son nom le voicy.
Pourquoy rougissez-vous de paroistre infidelle?
Et cette qualité vous est si naturelle,
Si vos legeretez vous font rougir ainsi,
Vous deuez donc rougir d'estre vne femme aussi,

ISABELLE.

Quoy ton esprit, mon cœur, cede à la ialousie?
I'entends parler ainsi la mesme courtoisie?
Tu nous traictes ainsi? tu l'ozes? tu le peux?
Et la moindre du sexe a receu de tes veux.
Puis-je voir Clorimand vne fois en colere?
Luy qui m' a si souuent protesté de me plaire
De quelle étrange humeur te treuuay-je en ce iour?

Quoy

Quoy ? veux-tu deformais traiter ainsi l'amour?

CLORIMAND, tenant vne lettre & monſtrant
du doigt lit.

Adraſte ne differe plus,
On n'attends rien que tes demandes.
Sont-ce là de mon mal des preuues aſſez grandes? Il con-
                                                        tinuë.
Le Ciel a receu tes offrandes,   Il lit.
Tous ces écrits ſont ſuperflus,
Cela ſuffit-il pas ? que deſirez-vous plus;
Et qu'elle plus fidelle, & plus forte aſſeurance
Me pouuoit deliurer de ma vaine eſperance?
Mais acheuons;
              Hymen deuſt auoir ioint nos iours; Il lit.
Ie ſuis aprés cela l'obieɛt de vos amours?   Il con-
                                                    tinuë.
Ie vous croirois, Madame, à mon ſuiet atteinte?
Leuez, leuez le maſque, & confeſſez la feinte;
Vous ouurites l'oreille à de mauuais conſeils,
Quand vous euſtes l'aduis de gauſſer mes pareils,
Et quelque vanité qu'on impute à mon ame,
Croyez qu'elle a bruſlé d'vne auſſi belle flâme;
M'aymant (en quelque rang qu'on vous tienne à
    la Cour,)
Vous auriez partagé l'honneur , comme l'amour.
          ISABELLE tout bas.
Son viſage eſt ſi doux , que meſme en ſa cholere,
                    R

Il a ie ne ſçay quoy qui ne me peut déplaire,
Me deuſt-on reprocher de changer à tout vent,
Adraſte, tu n'es plus en mon cœur guere auant,
Cét eſtranger a mis tant d'appas en ſa plainte,
Que l'effet pourroit bien ſucceder à la feinte.

CLORIMAND.

Toutefois, n'épargnez, ny mes ſoins, ny ce bras,
Deuant vous ſeulement ie mets les armes bas,
On ne fera faillir, ny tomber mon épée,
Si iamais pour vous plaire on la voit occupée;
I'ayme de vous ſeruir, & malgré vos meſpris,
Ie n'ay point reſolu de guerir mes eſprits;
Mon deſſein n'a pas fait vne amitié ſi forte,
Mon inclination bien plus que luy m'y porte,
Ie iure de iamais n'aymer en autre lieu,
Moins pour vous obliger, que pour me plaire;
   adieu.

ISABELLE, pleurant.

C'eſt faict, ie ne puis plus reſiſter à ſes charmes,
Mont tout, encore vn mot, arreſte, voy mes lar-
   mes,
Ie bruſle, Clorimand d'vn veritable feu,
Mais la voix me deffaut (mon cœur) attends vn
   peu.

CLORIMAND.

N'irritez point cruelle vne douleur extréme,
Senfible à mon amour, ou froide, ie vous ayme,
(Madame) hé! n'eft-ce pas effez de l'amitié?
Sans me vouloir auffi toucher par la pitié?
Ha Dieux ! comme ce fexe à fon gré nous manie,
Tout cede, tout difere à fa force infinie.

ISABELLE.

Ie vous veux (Clorimand) deliurer de foucy,
Si vous ne me croyez, ne m'aymez point auffi;
Adrafte (ie l'aduouë) a mon ame touchée,
Sa vertu me plaifoit, la voftre eftant cachée,
Nous auons refpiré fous vne mefme loy,
Vous voyez les prefens qu'il a receuz de moy;
Mais enfin voftre amour a chaffé la premiere,
Comme vn bel aftre efface vne moindre lumiere,
Ie voy voftre vifage, & voftre efprit fi doux,
Que ie n'engage plus ma liberté qu'à vous.
La Reyne m'obligeoit ; mais Dieux, que vay-ie dire, *Parlant bas.*
Pourray-ie impunément luy conter fon martyre?

CLORIMAND.

Elle vous obligeoit?

ISABELLE.

Non, à rien mon soucy,
C'est l'amour qui me fait extrauaguer ainsi,
Ces mots interrompus te découurent mes peines,
Mais ie t'en veux donner des preuues plus certai-
   nes,
Vien ce soir en mes bras rendre tes vœux contents,
Ie ne te feray point attendre plus long-temps,
Pourueu, que sous l'espoir d'vn heureux mariage,
Vne immuable foy nos deux ames engage.
Tu ne me réponds rien.

CLORIMAND.

Et t'en croy moins encor.
Estre aymé! posseder vn si rare tresor!
Estre prés d'obtenir vn souuerain empire
Dessus l'vnique obiect que mon ame desire!
Pour me faire, Madame, esperer du repos,
Qu'vn amoureux baiser confirme vos propos,
Cette faueur suffit à me tirer de crainte,
La Rey- Ie croiray, que i'adore vne beauté sans feinte,
ne arri-
ue qui
les voit.

ISABELLE.

Elle le Tu deusses rejetter ces doutes superflus,
baise.

                                        Mais

Mais ie veux t'obeir, que desires-tu plus.

CLORIMAND.

Le doux rauissement! ha que ces leures closes
M'ont bien mieux qu'en s'ouurant iuré de belles
    choses!
Si iamais tu reuois mon esprit en soucy,
(Mon tout) pour m'en tirer, ne me parle qu'ainsi. Clorimand sort,

La REYNE, à Isabelle.

Elle la regarde lõg têps & puis cõtinuë

Trouuez-vous des douceurs aux bouches érangeres?
Mais le contentez-vous de faueurs si legeres?
Quelle heure est assignée à ces ieunes desirs?
Et quand les rendrez-vous moindres, que ses
    plaisirs?

ISABELLE toute confuse.

A quelque priuauté que vostre amour m'engage,
Vous me dispenserez de donner dauantage;
Vous pouuez tout vouloir, & ie dois obeir,
Mais vous ne l'aymez pas iusques à me hayr;
Ie luy souffre beaucoup, mais pour moy ces licen-
    ces,
Sont bien moins des baisers que des obeyssances,
Ie ne donne qu'à vous ce qu'il croit receuoir,

S

Et ie croy faire moins l'amour, que mon deuoir.

La REYNE

Vous-vous acquittez bien de ce qu'on vous com-
mande,
Ie n'en desire poin vne preuue plus grande,
Ie vous veux accorder le repos desormais,
Pour loyer de vos soins, ne me voyez iamais;
Sçachez que faire trop, & ne pas assez faire
C'estoit à mon amour également déplaire,
Cherchez à vos baisers vn autre fondement
Ne les reiettez point sur mon commandement,
C'est trop d'obeyssance, & vous fonder sur elle,
C'est de ma volonté faire vne macquerelle,
Ce gentil étranger a vos esprits blessez,
C'est à luy, non à moy, que vous obeyssez,
Adieu, n'exercez plus cette charge fatale,
Et ne m'obligez point à reuoir ma riuale.

ISABELLE, faisant la reuerence & s'en allant.

Quoy que fasse le sort, ie suis à Clorimand,
Ie perds vne maistresse, & ie gaigne vn Amar.

La REINE seule.

Qu'en cette occasion, i'ay manqué de prudence!
Ie cherchois ma ruine en cette confidence
Ie fiois au larron vn bien qui m'est si cher,

Et ie devois songer que son cœur est de chair;
Mon propre soin suffit en cette amour extréme,
Nulle ne peut si bien me seruir que moy-mesme,
Il a des qualitez trop promptes à charmer,
Ie le dois seule voir, le voulant seule aymer.

SCENE IV.

CLEONTE, Le ROY de Sicile, en Ambassadeur.
CLEONIS, La REYNE.

CLEONTE.

Voicy l'Ambassadeur, qui viẽt de sa Prouince
Voir vostre Maiesté, de la part de son Prince.

LA REYNE.

C'est vn de mes bon-heurs, qu'vn Roy si glorieux,
Ayt daigné seulement considerer ces lieux.

LE ROY.

Et vostre Majesté considerant sa flâme,
Cét vnique bon-heur satisfera son ame,
Il n'estime l'éclat de son authorité,
Qu'afin de le soûmettre à vostre authorité,

On voit voftre renom voler du Nil au Gange,
Il a dans nos pays porté voftre loüange,
On y voit les appas dont vous eftes pourueus,
Et mon Prince eft bleffé de traits qu'il n'a point veus.
Ce difcours eft ma charge, & fon vnique enuie,
Et de ioindre à vos iours fa fortune, & fa vie,
Ces lettres diront mieux à voftre Maiefté,
Sous quel Empire, amour range fa liberté.

La REINE.

Ie prife vniquement cette faueur infigne,
Il pourroit foufpirer pour vn obiect plus digne,
Ie verray mon confeil, & fes aduis receus
Vous feront obtenir refponfe là deffus.

LE ROY.

Mon Prince auoit commis cette Ambaffade mefme
A certain Caualier d'vne vaillance extréme,
Que (s'il faut croire aux bruits qu'on entend à la
    Cour)
Ses propres compagnons vouloient priuer du iour;
Son nom eft Clorimand, fes merites font rares,
Et le ciel, ny le fort ne luy font point auares.

LA REYNE.

Leur honte fut la fin d'vn femblable proiet,
Mais ne m'en fçauriez vous apprendre le fuiet?

LE

LE ROY.

L'Infante l'adoroit, en estant adorée,
Ce poinct des enuieux auoit l'ame alterée,
Et ie croy que leurs dons portoient à son trépas,
Ceux qui sur les chemins accompagnoient ses pas.

LA REYNE.

Adieu, i'ordonneray de consulter l'affaire,
I'espere là dessus bien tost vous satisfaire.
Ie sçay, comment ie doy estimer vos pareils,
Combien i'en ay receu de fidelles conseils,
Combien vostre prudence éclatoit chez mon pere,
Combien il m'ordonna de l'auoir tousiours chere,
Pour ne rien entreprendre à ma confusion,
Cleonte, ie l'implore en cette occasion,
Vous auez entendu quel party se propose,
Mais le Ciel autrement de mon ame dispose,
Il ne m'a departy que trop de ses presens,
Deux Sceptres me seroient des fardeaux trop pe-
sants,
Ie treuue de soucys ma fortune assez plaine   (ne,
Mes bonheurs redoublans, redoubleroient ma pei-
Ie mets l'ambition plus bas que mes plaisirs
Et veux estre indulgente à mes ieunes desirs.

CLEONTE tout bas.
Le Ciel est fauorable à ma fidelle flâme,

Le Roy
& Cleo-
nis s'en
vont.
Elle c6-
tinuë
parlant
à Cleô-
te.

T

Enfin ma paſſion triomphe de ſon ame,
C'eſt enfin deſſus moy qu'elle a ietté les yeux,
Comme deſſus l'obiect le premier de ces lieux.
Haut. Entre les qualitez dont vous eſtes doüée
Voſtre ſageſſe eſt rare, & doit eſtre loüée,
Madame, vous ſçauez que le parfait bon-heur
N'eſt pas de s'eleuer au deſſus de l'honneur,
De tenir la fortune au rang de vos ſujettes;
Vous pouuez tout ſur elle en la gloire ou vous eſtes,
On vous honore autant en cette nation,
Que ſi le monde eſtoit voſtre poſſeſſion;
Il faut d'autres douceurs à vos ieunes années,
Ce n'eſt pas pour les ſoins, que les Dames ſont nées,
Et quand dans les ſoucys leurs cœurs ſeroient con-
     tents,
Touſiours les voluptez doiuent auoir leur temps;
Epouſer ſon pareil, cette choſe eſt commune,
Mais qu'vn époux choiſi vous doiue ſa fortune
Vn qui n'oſoit pretendre à vn titre d'époux,
Et qui donnant des loix, les reçoiue de vous,
Vn qui vous idolatre, & qui ſoit touſiours meſme,
C'eſt là nous teſmoigner vne ſageſſe extréme;
Mais ne puis-ie ſçauoir le glorieux vainqueur,
Qui s'eſt fait vne place en vn ſi noble cœur?

LA REINE.

Au poinct de vous le dire (ô Dieux! la vaine bonte)

Ie sens que tout mon sang au visage me monte.

CLEONTE tout bas.

Qu'vne fille est timide en l'art de bien aymer,
Elle veut que i'entende, & ne m'ose nommer,
Me cognoist pour l'autheur de son noueau martyre,
Voudroit que ie le sceusse, & ne me l'ose dire,
Ne celez plus ce nom à mon esprit douteux,
(Madame) ha que l'Amour est vn enfant honteux!

Haut.

La REINE.

Tu cognoist l'Espagnol dont i'ay sauué la vie.
Son merite (Cleonte) a mon ame rauie.

CLEONTE.

Vostre cœur est trop noble, & dement vostre voix,

La REINE.

Ha mon cœur n'est plus libre, il depend de ses loix

CLEONTE.

Ha Dieux! quelle infortune à la nostre est pareille?
M'est-il icy permis de croire mon oreille?
Que mes vœux soient deceuz? & qu'vn vil estran-
ger,
Doiue dessous ses loix nos fortunes ranger!

La REINE.

Vn qui peut esperer l'Infante de Sicile,
Estimez-vous sa gloire & sa naissance vile?

CLEONTE.

Peignez-le glorieux entre tous les mortels,
Figurez sa vertu digne de mille autels,
Treuuez en son esprit des qualitez extrémes,
Pour le bien éleuer abaissez les Dieux mesmes,
Faites-le sur la terre vnique de son rang,
Entre vos bras le mien luy percera le flanc,
C'est trop estre vous mesme, à vous mesme enne-
mie,
Ce fer exemptera vous & nous d'infamie.

La REINE.

Desespere, deteste, eleue mont sur mont,
Vn myrthe toutefois couronnera son front;
Mais simple, laisses-tu cette iniure impunie,
De tes propres sujets souffrir la tyrannie!
Sus qui contentera mon esprit irrité?
Qui le veut immoler à mon authorité?
Courez, assassinez l'ennemy de ma ioye,
Qu'en son coulpable sang ma cholere se noye.

ACTE

ACTE CINQVIESME

SCENE I.

La REINE, FILEMON.

La REYNE.

TV cognois l'Espagnol, plus de discours sont
   vains,
Porte secrettement cette lettre en ses mains.

Filemõ
sort.

La REYNE seule auec deux gardes continuë.

Quelque effort qu'on oppose à mon affection,
Ce soir terminera ma chaste intention,
Quand la nuict couurira les Cieux d'vn voile
   sombre
Clorimand introduit en faueur de cette ombre,
Apprendre de quelle ame il a receu des vœux,
Et rangera la sienne au dessein que ie veux.
Arrousez tout d'odeurs, iettez par tout de l'ambre,

V

Ie reçoy cette nuict voſtre Prince en ma chambre
Attendant que l'hymen uniſſe nos deſirs,
Ie prepare à ſes vœux mille innocents plaiſirs;
Ie ne veux eſpagner ny raiſon, ny carreſſe
A le rendre ſenſible à l'ardeur qui me preſſe:
Mais de vos paſſions iamais ne rougira,
La Deeſſe des nuicts qui nous éclairera,
Voyant en ces tranſports mon honneur ſans iniure,
Elle me cedera la qualité de pure,
Elle eſt plus indulgente au garçon qui luy plaiſt,
Et le voit autrement, toute chaſte qu'elle eſt.

SCENE II.

ALFONCE Roy de Sicile, CLEONIS, FILEMON
ALFONCE & CLEONIS ſeuls.

ALFONCE.

Qvel effect de l'amour à celuy-cy reſſemble
Ie ſuis le confident, & l'Amant tout enſemble,
Ie cache en ſes habits la qualité de Roy,
Et moy meſme, ie ſuis Ambaſſadeur pour moy

CLEONIS.

Vous auez preferé vos yeux à ceux d'vn autre,
Mais, Sire, aprés cela, quel deffein est le vostre?

LE ROY.

D'attendre sa réponse, & de paroistre en Roy,
Si i'obtiens le bon-heur de viure sous sa loy,
Si le sacré lien d'vn heureux mariage
Doit ioindre ma fortune aux douceurs de son âge.

FILEMON entre & dit au Roy.

Monsieur, vous puis-ie dire vn mot secrettement?
La Reyne m'a chargé de ce commandement.

LE ROY.

Laisse moy luy parler. Que m'en dois-ie promettre?
Et qu'a-t'elle ordonné?

FILEMON.

Consultez cette lettre,
Ne pleignez point les vœux que vostre Prince a
faits,
I'espere que bien tost ils seront satisfaits.

LE ROY luy donne vn diamant.

Ie voudrois pour ces mots aussi te satisfaire,

Cette bague precede vn plus digne salaire.

FILEMON.

Ie l'aymeray, Monsieur, auecque passion,
Comme vn gage eternel de vostre affection.

Il s'en
va

Le ROY appellant Cleonis.

Qu'apprendra ce papier ô ma pudique enuie?
Luy dois-ie des baisers? m'anonce-t'il la vie?
Reuien cher Cleonis, ie te croy trop discret;
Voy ce que ie reçoys de la part de la Reyne,
Et croy que sur ses vœux mon ame est souueraine.

CLEONIS.

Vous procure le Ciel de ses rares beautez,
Tout le contentement que vous en souhaittez.

Le ROY lit la lettre.

Au Gentil Espagnol.

conte-
nu de la
lettre.

Renonçons au déguisement,
Et leuons le masque à la feinte,
Traittons l'amour ouuertement,
Cher Espagnol, ie suis atteinte,
Ie cognois vos vertus; ie sçay vostre naissance,
Mon cœur est surmonté,
Et ie mets sous vostre puissance,
Ma fortune, & ma volonté.

Quand

Quand la nuict voilera les Cieux,
Venez apprendre de ma bouche,
Combien, malgré vos enuieux,
Voftre infigne vertu me touche;
Ils dreffent vne embufche à voftre belle vie,
Euitez ces ialoux;
Malgré leur haine, & leur enuie,
Ie vous ayme, Helene eft à vous.

Le ROY continuë.

Me pouuois-ie du Ciel tant de bon-heur promettre
A genoux Cleonis, adorons cette lettre,
Puifque ces belles mains ont tracé cét écrit,
Baife-le mille fois, contente mon efprit.
Dieux! que ie crains beaucoup en cét excez de ioye,
Si quelque mal leger, voftre main ne m'enuoye,
Qui temperant vn peu l'aife que ie reffens,
D'vne extréme infortune affranchiffe mes fens;
Cogneu, chery, mandé, d'vne beauté diuine;
Ha mettez dans ces fleurs pour le moins vne épine;
Car on doit redouter vn malheureux fuccez,
Lors que vous prefentez vos faueurs dans l'excés.
Qui peut auoir appris ma naiffance à la Reyne,
Ce poinct (cher Cleonis) met mon efprit en peine.

CLEONIS.

Quelque habit, quelque nõ que vous ayez cherché,

Sire, l'eclat des Rois ne peut estre caché,
Quelque amas de vapeurs que Phœbus puisse faire,
On s'apperçoit tousiours qu'il est sur l'hemisphere,
Dessus le front d'vn Roy, le Ciel graue son nom,
Il peut changer d'habits, mais de visage nom.

LE ROY.

Estends heureuse nuict tes ombrageuses toilles,
Laisse en nostre faueur paroistre tes Estoilles,
Veille au sommeil bien tost les hommes disposer,
Et pour le repos d'vn, faits les tous reposer,

SCENE III.

ADRASTE, CLEONTE.

ADRASTE.

PLus tu me veux guerir, & plus mon mal
  empire,
Il a deſſus mon ame vn ſouuerain Empire,
Cleonte, il eſt trop vray, tout eſpoir m'eſt oſté,
Elle a trahy mes feux l'infidelle beauté.
I'eſperois, quand i'ay veu ma perte ſi certaine,
Que mon eſloignement allegeroit ma peine,
Mais que cette eſperance a mon eſprit deceu!
Et qu'on fuit vainement quand le coup eſt receu.
Il ſembloit, que changeant l'allure coûtumiere,
Mon cheual marchaſt moins en auant, qu'en ar-
  riere,
Qu'il craigniſt d'auancer, & que cét animal
Moins leger qu'elle n'eſt fuſt ſenſible à mon mal.
Enfin, tu me tenois, ma honte, & mon courage,
Ont contre mon eſpoir diuerty mon voyage,
Me voicy de retour; & ce vil étranger,
Si ce fer m'eſt propice, ira ſeul voyager;

Tu ſçais en quel endroit ; en ces Royaumes ſombres,
Ou ſi l'on fait l'amour, on ne la fait qu'aux om-
bres,

CLEONTE.

Que ie prend ſans raiſon le ſoing de vous ayder,
Et qu'il eſt malayſé de vous perſuader.
Perdés cette croyance, épargnés Iſabelle,
La Reyne l'idolatre, il n'eſt aymé que d'elle
Viuez, viuez contents de tous les amoureux,
N'en plaignez point que moy, ie ſuis ſeul mal-
heureux,
Il eſt vray que luy meſme ignore ſa maiſtreſſe,
Ne ſçay pas qui l'adore, & qui luy fait careſſe,
Penſant entretenir Iſabelle les nuicts,
La Reyne, cher amy, luy conte ſes ennuys.

ADRASTE.

Deliurez voſtre eſprit de cette frenaiſie,
Cette croyance naiſt de voſtre ialouſie.

CLEONTE.

Ha! vous gardez long-temps ces doutes ſuperflus,
La hayne l'aduoüant, que deſirez-vous plus?
Elle a trop clairement cette amour découuerte,
Helas! ma propre bouche a prononcé ma perte,
Eſt-il quelque malheur à celuy-cy pareil,

Elle

Elle a pour me trahir imploré mon conseil;
I'ay fait (voyant son ame à moy seul asseruie,)
Parler ma propre voix, contre ma propre vie,
Elle a receu de moy le conseil de choisir,
Vn époux qui ne fust son pareil qu'en desir,
Dont l'amour fust égal à son ardeur extréme,
Ainsi i'ay prononcé ma sentence moy mesme,
Son cœur s'est declaré pour ce vil étranger,
Sous vne loy commune hymen les va ranger,
Et cette mesme nuict il repose en sa couche,
Si la compassion de mon mal ne vous touche,
Si vostre bras ne m'ayde au dessein que i'ay faict
De rendre par sa mort mon esprit satisfaict.

ADRASTE.

Isabelle innocente! & que seul ie luy plaise!
Qu'as-tu dit? quel bonheur est pareil à mon aise?
Ha ne t'oppose point au bien de nos amours,
Que ie ruinerois en t'offrant du secours,
La faueur de la Reyne, estant si necessaire
A ma pudique ardeur, ie n'ose luy déplaire;
Mille pourront seruir ton esprit irrité,
Ne me fait point mourir, m'ayant ressuscité.
En tout autre suiet, vse de mon épée,
Elle n'est pas plutost requise, qu'occupée,
Adieu, tu m'as tiray de si profonds ennuys,

Qu'à peine ie me fents en l'état où ie fuis.

CLEONTE feul.

O le parfaict amy ! l'inuincible courage!
Mais, fans doute, viuoit fous ce mefme vifage;
Sa lame eft de valeur, s'il en eft fous les Cieux,
Il n'en vfe iamais pour la confirmer mieux ;
Mais toy, tu parois lâche, & tu deuffe Cleonte,
En fon infame fang auoir noyé fa honte,
Le veritable amy, tout intereft foumis,
S'offre les yeux bandez à feruir fes amys.
Mais que m'euft fon trépas apporté d'allegeance,
Vn plus fenfible affront appelle ma vengeance.
Que mes meilleurs amys me manquent de fecours,
Que ie treuue leurs cœurs à ma priere fourds,
Ma main feule (toute autre en vain folicitée)
Prouuera ce que peut vne amour irritée.

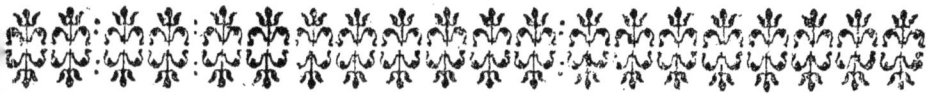

SCENE IV.

ISABELLE, ADRASTE.

ISABELLE feule à fa porte.

ENfin nous approchons de cette heureufe nuict, La Nuict
Le monde fe retire, on n'entends plus de bruit;
Et le Soleil fuiuant fes routes ordinaires,
Cede noftre Hemifphere aux moindres luminaires;
Que ce bel étranger eft long-temps à venir,
Que de triftes penfers viennent m'entretenir!
Auiez-vous donc mes foins, pour ce foir referuée
La fleur, que vous auez fi long-temps conferuée,
Ce que vingt ans entiers ont fait meurir de fruict,
Sera-t'il feulement la moiffon d'vne nuict?
Mais qui n'aymeroit pas ce vainqueur de mon
    ame?
Comment le peut-on voir fans eftre tout de flâme?
La Reyne le fiant fur ma fidelité,
Auoit mal recogneu ce que peut fa beauté,
Se ioüant de l'amour par cette confidence,
Ce Dieu deuoit-il pas punir fon imprudence?
Il la punit auffi, Clorimand eft à moy,

Et ce soir mesme Hymen nous vnit sous sa loy;
Qu' Adraste maintenant cherche ailleurs sa fortune
Son amour desormais me seroit importune,
Il m'a par son humeur procuré cét époux,
Ie l'ayme seulement d'auoir esté ialoux.

ADRASTE.

Adraste arriue dans la Nuict.

Adraste encore heureux ! Isabelle innocente ;
Ha Dieu de nos esprits, que ta force est puissante !
Adraste, va reuoir cette rare beauté
Et demande pardon de ta credulité.
Si mon œil n'est deceu dans vn endroit si sombre,
Ie l'auise à sa porte au trauers de cette ombre.

ISABELLE.

Est-tu là Clerimand ? est-ce toy mon soucy ?
Que tu me faits languir.

ADRASTE.

           Dieux ! qu'entenday-ie icy,
Mais plutost qu'attend elle ? Ha Cleonte, ha per-
fide !
Auois tu pris conseil de cette ame homicide,
M'as-tu fait esperer pour ma confusion,
Mais dissimule, Adraste, & prend l'occasion.

                      ISABELLE.

ISABELLE.

Est-ce pas Clorimand ?

ADRASTE.

Tu me voys ma Deeſſe.

ISABELLE.

Vrayment , i'allois r'entrer, pour punir ta pareſſe.

❧❧❧❧❧❧❧❧❧❧❧❧❧❧❧❧❧❧❧❧❧

SCENE V.

CLORIMAND, LYSIS.

CLORIMAND.

Sᴠʀ le poinct d'obtenir cette poſſeſſion,
Toute choſe conſpire à mon intention ;
Puiſque cette viſite eſt ſi fauoriſée,
Ie croy, que de là haut elle eſt authoriſée,
Que ie treuue ce ſoir le Ciel officieux !
C'eſt en noſtre faueur, qu'il a fermé les yeux ;
Comme on les voit fermer quelquefois à la mere,
Qui voit, que ſon enfant redoute ſa cholere,
Et qu'il n'oſe approcher d'vn fruict qu'il veut auoir ;

Z

Tandis qu'elle est presente, & qu'elle le peut voir.
H a l'agreable fruict que mon ame desire!
Et qu'on m'outrageroit, voulant me l'interdire!
Mais qu'ay-ie à redoûter, si mes vœux sont receus?
Si ma belle a donné l'oracle là dessus;
Elle m'accusera de beaucoup de paresse,
Et m'en fera sans doute un peu moins de carresse;
Ie voy qu'il est plus tard, que ie ne pensois pas,

Le Roy
& Cleo.
viennét
à la por
te de la
Reyne.

Mais qui sont ceux, Lysis, qui viennent sur nos
    pas?
Cachons-nous en ce lieu.

LE ROY parlant bas.

                    Dieux! que i'estois en peine,
Comment ie treuuerois la porte de la Reyne;
Il suffit Cleonis, puisque nous y voicy,

Cleonis
s'en va.

Sans m'attendre & sans bruict retire toy d'icy;
Heureux entre tous ceux qui viuent, & vescurét
Qui le sont maintenant, & qui iamais le furent,
Heureux Ambassadeur, heureuse affection,
Et plus heureux loyer de ma legation;
Que les Ambassadeurs cheriroient leur fortune,
Si pareille faueur à tout estoit commune.

CLORIMAND dit tout bas à Lysis.

Lysis, c'est l'Espagnol qu'on dit depuis deux iours
Estre icy pour Alfonce; escoutons ses discours.

LE ROY.

Vn ſi puiſſant reſpect à mon amour preſide,
Que ie n'oze frapper, tant mon ame eſt timide;
Mais ne venant icy que ſur ſon mandement,
Qu'en puis-ie receuoir , qu'vn heureux traicte-
    ment?

CLEONTE.

Es-tu cét Eſpagnol? que veux-tu? qui t'ameine?
Parle, donnons, c'eſt luy, ne ſoyons plus en peine.

Cleõte auec au-
tres l'é-
pée à la
main
vient.

Le ROY ſe deffendant.

Ouy ie ſuis Eſpagnol, mais ce diſcours eſt vain,
Et tu le vas aſſez apprendre de ma main.

CLORIMAND & Lyſis l'épée nuë.

A moy, traiſtres à moy, c'eſt trop peu de courage,
Que d'attaquer vn ſeul auec cét aduantage.
Quoy qu'encor le ſuccez ſoit bien loin de vos vœux,
Et qu'eſtant Eſpagnol il en vaille bien deux.

Là Ils ſe
battent
tous.

CLEONTE, fuyant.

D'autres l'auront ſuiuy , qui ſont cachez dans
    l'ombre ,
Amys, retirons-nous, il faut ceder au nombre.

CLORIMAND les prenant pour des voleurs.

Fuyez, fuyez voleurs, vn iuste chastiment,
Vos pareils sont adroicts, mais des pieds seulement.
C'est où vous asseurez vos ames criminelles,
Tousiours vos lachetez vous attachent des aisles,
Ainsi pour vous punir, vos courages sont vains,
Car vous volez des pieds ayant volé des mains.
Que ie treuue ce soir la fortune propice!
Mais que i'apprenne à qui i'ay rendu cét office?

LE ROY.

Aux noms d'Ambassadeur, & d'Espagnol, iugez
Qui vous parle en ces lieux, & qui vous obligez;
Et si vous desirez contenter mon enuie,
Que i'apprenne à mon tour, à qui ie doy la vie.

CLORIMAND.

Clorimand est mon nom.

LE ROY.

           Ha Dieux! qu'ay-ie entendu
Qui deuoit m'attaquer m'auroit-il deffendu?
Que fait pour vos amis vn si noble courage,
S'il est propice à ceux qui vous ont fait outra-
ge?
Donnez-vous du secours à qui vous a trahy.
                                        CLO-

CLORIMAND.

Ha Ciel! qu'à ce discours ie demeure esbahy!
O Dieux! ô Clorimand, le plus heureux des hom-
  mes!
De rencontrer son Prince au seiour ou nous som-
  mes,
Hé! quelle occasion vous ameine en ces lieux?
Sire, excusez icy mon desir curieux?

Le ROY

Combien, pour rendre hommage aux beautez de
  la terre,
De Dieux sont descendus d'où se faict le tonnerre,
Que ne peut pas l'Amour sur de ieunes esprits,
Clorimand, c'est l'autheur du conseil que i'ay pris.
Ne iuge point, amy, ce voyage impossible,
On ne me iuge pas auoir l'ame sensible;
Mais ie suis découuert par le Dieu que ie suys,
La Reyne me cognoist, elle a sçeu qui ie suis.
Vne ardeur mutuelle enflame sa pensée,
Elle offre du remede à mon ame blessée,
Elle veut cette nuict alleger mon soucy,
Et c'est l'occasion qui m'a conduit icy.

CLORIMAND.

Pareille occasion dans le Palais m'ameine;

A a

Vne Dame a promis de soulager ma peine,
Elle a dessus mon cœur vn empire absolu,
Ce soir consommera nostre hymen resolu.

LE ROY.

Puissions nous viure heureux, & que les destinées,
Filent à nos amours vn long siecle d'années;
Mais tu sçays le danger dont ton bras m'a tiré,
Par là nostre entretien doit estre differé.

La Reine vient à la porte auec Pilemõ.

Adieu, suy Clorimand ton amoureuse enuie;
La Reyne est à la porte.

LA REINE.

Est-ce pas toy ma vie?

LE ROY.

Ie la viens receuoir de vos rares appas.

LA REYNE.

Il entre. Elle cõtinue.

Suy Filemon là haut, i'y monte de ce pas.
Que l'Enfer deformais s'oppose à mon attente,

Elle entre.

Clorimand est à moy, mon amour est contente.

CLORIMAND.

Clorimand est à moy? Dieux qu'entenday-ie icy?
Ses amoureux transports la font parler ainsi,

Elle *veut dire Alfonce*, & *ie fuis temeraire*,
Si *i'ay l'opinion feulement de luy plaire*.
Mais *foient quelques voleurs*, *ou quelque Amant*
    ialoux,
I'entends du monde encor, Lyfis retirons-nous.

✿✿✿✿✿✿✿✿✿✿✿✿✿✿✿✿✿✿✿✿✿✿✿✿

SCENE VI. & derniere.

CLEONTE, CLEONARD, & autres qui les ac-
compagnent.

CLEONTE.

HElas! il eft trop vray, qu'en cette nuict fa-
    tale,
Il languit dans les bras de cette defloyale
Que de tous mes efpoirs, cét innoble étranger,
Me laiffe feulement celuy de me venger.
Si le reffentiment de mon affront vous touche,
Allons affaffiner ce riual en fa couche,
Sacrifiez, amis, les iours de Clorimand,
Aux fenfibles tranfports d'vn furieux Amant,
Donnons, frappons, forçons l'obftacle de ces portes,
Cruels, tefmoignez moy des paffions plus fortes,
Prettez voftre fecours à ce cœur irrité,

Et ne me manquez pas en cette extremité.

ISABELLE, à la feneſtre.

Que cherchent en ces lieux ces ames indiſcrettes?
Vous eſueillez la Reyne, à ce bruict que vous faites.

CLEONTE.

Pût-elle repoſer d'vn ſommeil eternel,
Ha que tu cognois mal cét eſprit criminel,
La rendant au cercueil pour iamais endormie
Qu'on ſauueroit nos iours d'vne étrange infamie,
Ce Clorimand languit en ſon perfide ſein,
Iuge par ce diſcours quel eſt noſtre deſſein.

ISABELLE.

Laiſſes-tu iuſte Ciel leur offence impunie?
Et n'eſt-tu pas ſenſible à cette calomnie?
Traiſtre, oſte Clorimand de ton eſprit ialoux,
Pourquoy viens-tu cruel outrager mon époux
Comment eſtant icy ſeroit-il chez la Reyne,
Mais deſcends Clorimand, & les tire de peine.

CLORIMAND caché dit tout bas.

Ha! que tout eſt contraire à mes chaſtes faueurs!
Dieux! quand finirez vous ce Dedale d'erreurs!

Lyſis,

Lysis, puis-ie estre icy, chez elle, & chez la Reyne;
Helas, quel Iupiter baise mon Alcumene.

LYSIS tout bas aussi.

Que ne vous dresse-t'on des autels, comme aux
  Dieux,
Si comme ces esprits vous estes en tous lieux.

ADRASTE descendu auec Isabelle dit à Cleonte.

Ie doy bien pardonner à vostre ialousie,
Puis qu'vn mesme transport trouble ma fantaisie,
Celuy, dont vous auiez asseuré le repos
Est deuant vous Cleonte, & vous tient ces propos,
C'est moy, ie suis Adraste.

CLORIMAND.

Ha parolle importune!

ADRASTE.

Et qui doy mon bon-heur à la seule fortune,
Ma Deesse attendoit cét Espagnol icy,
I'ay pris l'occasion, mes vœux ont reüssi.

CLORIMAND.

Amant, non plus aymé! quelle perte fatale,
                              B b

Quelle eſtrange infortune à la tienne eſt égale.

ISABELLE.

Helas! que dois-ie croire, Adraſte, eſt-ce donc vous?
Quelle rage eſt pareille à mon iuſte courroux?
De quel effect ſera ma paſſion ſuiuie?
Dieux! vengez cette iniure, ou me priuez de vie.

ADRASTE

Mon cœur ſuis-ie coupable, & dois-ie eſtre blaſmé
Pour auoir recueilly le fruict que i'ay ſemé?
Si de ſon propre bien la moiſſon eſt vn crime,
A qui donc, ma Deeſſe, eſt-elle legitime?
Et qui merite mieux de viure ſous vos loix,
Quand la main d'vn Dieu meſme en auroit fait
    le choix.

ISABELLE

Quelque nouuel obiet qui mon ame entretienne;
Il le faut; mon honneur m'oblige d'eſtre ſienne;
Le Ciel deuoit le prix à ſa fidelité;
Là ils ſe baiſent. Helas que diras-tu de ma legereté?

CLEONTE.

Enfin, nommerez-vous ma plainte vne iniuſtice?
Voulez-vous plus long-temps differer ſon ſupplice,

Et vous estant offerts à soulager mon mal,
Quand rougiront vos mains du sang de mon riual?

CLEONARD.

A quoy nous veut Cleonte obliger voftre hayne,
Aprés tout, nous deuons du respect à la Reyne.

La REYNE fort à la porte, & dit.
Perfides ennemys du repos de mes iours
Combien feront les Dieux à ma priere fourds?
Et quand lanceront-ils en faueur de mes flámes,
Celles de leur courroux fur vos coupables ames.
Mais pourquoy recourir à leur diuinité?
Qu'ay-ie à folliciter, que mon authorité?
Sans de fes vains difcours ennuyer leurs oreilles,
De quoy ne peuuent pas difpofer mes pareilles?
Ouy, Clorimand est mien, ouy Clorimand est Roy,
Il a rangé mon cœur, & Naples fous fa loy,
Vous n'y confentez pas, & le Ciel le defire,
Qui doit deffus mes vœux auoir le plus d'empire?
Mon fort releue-t'il de vos efprits ialoux?
Deuois-ie de vos mains receuoir vn époux?

CLORIMAND.

Lyfis, qu'à-t'elle dit? que ce difcours m'eftonne!
Ie fuis mary fans femme, & Prince fans couronne!
LYSIS, fe frottant les yeux.
Dieux! que de fonges vains me viennent trauailler!

Ie dors asseurément, & ie pense veiller.

CLEONTE.

Simples, nous redoutons ces menaces friuolles?
Nos bras sont abatus par de vaines paroles?
Assassinons ce traistre, en son lict, en son sein,
Entrons, donnons, rompons, suiuons nostre dessein.

CLEONARD.

Reprimez la fureur qui vostre ame possede,
Et vous monstrez plus ferme en ce mal sans remede,

LA REYNE.

Sans plus reïterer d'inutiles deuis,
Croyez que m'obeyr est le meilleur aduis,
Laissez par le deuoir regir vostre courage,
Cherissez Clorimand, & luy rendez hommage;
Descends, diuin obiect, de mes chastes desirs,
Enfin leur passion s'accorde à mes plaisirs,
Enfin, cher Clorimand, ma volonté plus forte.

LE ROY vient auec Filemon, & dit.

Qui pensez-vous, Madame, appeller de la sorte?
Ignorez-vous mon nom, ces armes & ces bruits
Vous font-ils ma Deesse ignorer qui ie suis?

LA REYNE.

H a mes vœux sont trahis! traistre quelle impudence

T'a

T'a fait ſous vn faux nom de..... ma prudence,

LE ROY.

Venu deſſus l'écrit qu'apporta Filemon,
Ie n'ay point eu deſſein de vous cacher mon nom,
Ie n'ay ny trahiſon, ny ſurpriſe conceuë,
Et voila de qui i'ay voſtre lettre receuë.

Mōtrāt
Filemō.

FILEMON.

La memoire, Madame, au beſoin vous deçoit,
C'eſt à cét Eſpagnol que l'écrit s'adreſſoit.

LA REINE.

Helas! pour quel affront le ciel m'a-t'il fait naiſtre,
Qu'on ne diffère plus, aſſaſſinez ce traiſtre;
Eſtimois-tu ſi mal de ma pudique ardeur,
Qu'elle quittaſt le Roy pour ſon Ambaſſadeur?

CLORIMAND.

Tournez, icy cruels vos yeux, & vos épées,
Las! à quoy penſez-vous qu'elles ſoient occupées?
La nature inhumains par vn ſecret effroy,
Ne vous dit-elle point que vous tuez vn Roy?
De quel ſang voſtre main ſeroit-elle tachée,
Dieux! tant de Maieſté peut-elle eſtre cachée?
Et ne ſçauez-vous pas, qu'en ce déguiſement
Il eſt venu flatter ſon amoureux tourment?

Clori-
mād &
Lyſis
viennēt
deffen-
dre le
Roy,
qu'on
veut
tuet.

C 6

Que ſon ame languit pour les yeux de la Reyne :
Cruels pour tant d'amour, luy doit-on tant de haine ?
Ie ſuis ce Clorimand, grande Reyne, c'eſt moy,
Plus aymé, toutefois moins heureux que le Roy,
De vos chaſtes faueurs ce Prince ſeul eſt digne,
Mon ſort eſt au deſſous de ce bon-heur inſigne,
Honorez ſa vertu par des vœux infinis,
C'eſt de la main du ciel, que vous eſtes vnis.

La REINE.

Ha c'eſt trop, grand Monarque, abbaiſſer voſtre
   gloire,
Et ces faux veſtemens : mais Dieux, le dois-ie croire,
Si mon bõ-heur n'eſt faux, & ſi c'eſt vous grãd Roy,
Ie iure à vos deſirs vne immuable foy.

LE ROY.

Pour obtenir, Madame, vne faueur ſi grande,
C'eſt peu, que de mes loix la Sicile dépende,
Et pour mieux meriter l'honneur de vous ſeruir,
Ie veux tout l'Vniuers ſous mon Sceptre aſſeruir.

ISABELLE.

Quel heur ineſperé : quelles metamorphorſes,
Que cette obſcure nuict, fait voir de belles choſes !
Pardonnez Clorimand à mon eſprit deceu,
Ce que ie vous donnois Adraſte l'a receu.

CLORIMAND

En ces rares faueurs que le ciel vous enuoye
Mon suiet ne doit point trauerser vostre ioye,
Il est vray que mon cœur idolatroit vos yeux,
Mais ie n'ay pas dessein de resister aux Cieux,

LA REYNE.

Isabelle, est-ce vous?

ISABELLE.

Vous m'entendez, Madame;
Adraste me possede, il a surpris mon ame,
Authorisez l'Hymen qui doit ioindre nos iours.

LA REYNE.

Ouy ie suis indulgente à vos ieunes amours,
Et pour combler enfin nos voluptez diuines
Ie vous promets Cleonte vne de mes cousines,
Vous sçauez qu'Hliante a des traits assez doux,
C'est d'elle desormais qu'il faut estre ialoux.

CLEONTE répond froidement.

Madame, puis qu'ainsi la fortune en dispose,
Sur ses aueugles soins mon espoir se repose.

Le ROY parlant à Clorimand.

Il reste de treuuer vne chaste beauté

A qui m'a conſerué ie bien de la clarté,
Recognoy Clorimand à quel poinct ie t'honore,
Ma ſœur te pleutiadis, te plaira-t'elle encore.

CLORIMAND.

A ce diuin obiect, que vous auez nommé
Mes derniers feux ſont morts, mõ premier r'allumé,
Faiſant cette beauté maiſtreſſe dé ma vie,
Ie verray mes plaiſirs égaler mon enuie.

LA REINE.

Puis qu'en fin tous nos maux ſe ſont eſuanouïs,
Que l'amour nous promet des plaiſirs inouys,
Retournons en nos licts attendre la iournée,
Qui doit ſerrer ſes nœuds de ce triple Hymenée;
Ou tout ſera permis à nos intentions,
Et qui conſommera nos chaſtes paſſions.

FIN.